쉽게 배워 폼나게 활용하는

소상공인을 위한 스마트폰 활용 ITC 표준교재

스마트폰 100% 활용 하기

IT연구회

해당 분야의 IT 전문 컴퓨터학원과 전문가 선생님들이 최선의 책을 출간하고자 만든 집필/감수 전문연구회로서, 수년간의 강의 경험과 노하우를 수험생 여러분에게 전달하고자 최선을 다하고 있습니다.

IT연구회에 참여를 원하시는 선생님이나 교육기관은 ccd770@hanmail.net으로 언제든지 연락주십시오. 좋은 교재를 만들기 위해 많은 선생님들의 참여를 부탁드립니다.

구경화_IT 전문강사   김경화_IT 전문강사   김선숙_IT 전문강사
김수현_IT 전문강사   김 숙_IT 전문강사   김시령_IT 전문강사
김현숙_IT 전문강사   남궁명주_IT 전문강사   노란주_IT 전문강사
류은순_IT 전문강사   민지희_IT 전문강사   문경순_IT 전문강사
박상휘_IT 전문강사   박성화_IT 전문강사   변진숙_IT 전문강사
서지영_IT 전문강사   송희원_IT 전문강사   양은숙_IT 전문강사
오해숙_IT 전문강사   윤정아_IT 전문강사   이미연_IT 전문강사
이천직_IT 전문강사   이해인_IT 전문강사   임선자_IT 전문강사
장명희_IT 전문강사   장은경_ITQ 전문강사   조영식_IT 전문강사
조완희_IT 전문강사   최갑인_IT 전문강사   최은실_IT 전문강사
한윤희_IT 전문강사   김건석_교육공학박사   옥향미_인천여성의광장 IT 전문강사
이윤정_울진컴퓨터학원장   이은직_인천대학교 IT 전문강사   정장섭_현대컴퓨터학원장
조은숙_동안여성회관 IT 전문강사

BM 성안당
www.cyber.co.kr

머리말

현대를 사는 모든 사람들에게 스마트폰은 떼려야 뗄 수 없는 필수불가결한 기기로 자리 잡았으며, 이러한 스마트폰의 기능을 습득하여 실생활에 적용할 수만 있다면 생활의 편리함이 더할 것입니다. 스마트폰을 단순히 전화 통화기능으로만 사용할 것이 아니라 스마트폰에서 제공하는 여러 가지 기능을 익히고, 실생활에 접목하여 사용할 수 있도록 본 도서는 다음과 같은 특징을 가지고 있습니다.

| **첫째** | 따라 하면서 쉽게 배울 수 있도록 그림으로 쉽게 설명하였습니다.

| **둘째** | 스마트폰의 가장 기초적인 기능을 쉽게 익힐 수 있도록 따라하기 식으로 설명하였습니다.

| **셋째** | 특히 소상공인이나 스마트폰 초보자에게 유익한 앱을 선정하여 자세한 설치방법과 사용방법을 익힐 수 있도록 하였습니다.

스마트폰의 가장 기초적인 기능부터 유용한 앱 사용법까지 자세히 설명하였기에, 이 책을 읽는 많은 독자들이 스마트폰의 기능을 최대한 습득하고 좀 더 유용하게 활용할 수 있기를 기대합니다.

저자 한정수

01장 스마트폰 살펴보기

스마트폰은 휴대전화에 인터넷 및 컴퓨터 기능을 추가한 지능형 단말기로 사용자가 원하는 애플리케이션을 설치할 수 있습니다. 스마트폰 버튼들의 기능과 기본 조작하는 방법을 익히고 홈 화면을 지정하는 방법을 살펴보도록 하겠습니다.

미리보기

체크포인트

실습1   스마트폰에 대하여 알아봅니다.

실습2   스마트폰의 버튼 기능에 대하여 살펴봅니다.

실습3   스마트폰의 기본적인 사용하는 방법에 대하여 알아봅니다.

실습4   스마트폰의 홈 화면 활용하는 방법에 대하여 알아봅니다.

① 스마트 폰이란?

스마트폰(Smart Phone)이란, 단어 그대로 똑똑한 핸드폰을 말합니다. 기존에 일반폰(피처폰)은 통화와 문자 기능만을 사용하였는데 인터넷과 앱을 사용하여 다양한 일을 할 수 있도록 업그레이드된 폰이 스마트폰입니다. (이 교재는 **갤럭시S7, 안드로이드 7.0누가(Nougat) 버전 중심**으로 설명합니다.)

▲ 아이폰

▲ 안드로이드폰

② 앱(App)이란?

스마트폰에서 사용되는 프로그램으로 애플리케이션(Application)의 약자이며 어플이라고도 합니다. 예를 들어 전화 기능을 사용할 수 있는 것은 전화 앱, 지도를 볼 수 있는 지도 앱이라고 할 수 있습니다.

③ 스마트폰 기본용어

- **상태표시줄 : 배터리 잔량, 시간, 인터넷 접속 상태, 현재 실행되고 있는 프로그램 등을 표시**하며 상태표시줄을 아래쪽으로 내리면 Wi-Fi, 소리, 화면 등의 설정을 쉽게 할 수 있습니다.

- **위젯(Widget) : 날씨, 시간 등을 초기화면에서 바로 표시**하여 이용할 수 있는 프로그램으로 개인의 취향에 따라 위젯을 설정할 수 있습니다.

- **Wi-Fi** : 와이파이는 무선인터넷기술로서 이동 중에는 사용이 불가능하지만 **와이파이가 설치되어 있는 곳에서는 무료로 사용**할 수 있는 네트워크입니다.

- **GPS** : 위성 항법장치라고도 하며, **자신의 위치정보뿐만 아니라 속도정보와 시간을 확인**할 수 있으며 스마트폰에서는 내비게이션 시스템과 위치기반 서비스를 기본으로 제공되고 있습니다.

- **블루투스** : 휴대폰끼리의 파일전송이나, 컴퓨터와의 연결, 이어폰, 스피커, 키보드, 마우스와 같은 **기기를 무선으로 연결하기 위한, 근거리 무선통신**을 말합니다.

- **플레이 스토어** : 필요한 유료, 무료 **앱을 검색하여 스마트폰에 설치할 수 있는 곳**으로 게임, 유틸리티, 도서, 영화 등 다양한 콘텐츠를 설치할 수 있습니다.

스마트폰 버튼 기능 살펴보기

스마트폰의 다양한 기능을 활용하기 위하여 각각의 버튼에 대한 기능을 살펴봅니다.

❶ **전원버튼 :** 버튼을 길게 눌러 전원 끄기, 다시 시작 등을 선택하여 **전원을 끄거나 다시 시작** 할 수 있습니다.

❷ **카메라 :** 영상 **통화 및 촬영을 위한 카메라**이며 앞쪽과 뒤쪽에 위치하고 있습니다.

❸ **음량 :** **소리의 크기를 조절**할 수 있습니다.

❹ **최근실행 앱버튼 :** **최근에 실행한 애플리케이션 목록**이 나타납니다.

❺ **홈버튼 :** **홈 화면으로 이동하는 버튼**으로, 앱을 실행 중에 홈 버튼을 누르면 앱을 종료하지 않고 홈 화면으로 돌아갑니다.

❻ **뒤로 돌아가기 :** **이전 화면으로 전환**됩니다.

❼ **헤드폰 :** **해드폰을 연결**할 수 있습니다.

❽ **외부 커넥터 연결잭 :** **스마트폰을 충전**하거나 **데이터를 PC에 옮길 때** 사용합니다.

❾ **스피커 :** **소리가 출력**됩니다.

스마트폰 기본조작하기

스마트폰의 다양한 기능을 활용하기 위하여 각각의 버튼에 대한 기능을 살펴봅니다.

1 누르기 : 애플리케이션을 실행하거나 원하는 메뉴를 선택할 때 또는 화면에 나타나는 버튼을 누르거나 키보드를 이용하여 **문자를 입력할 때 해당 키나 아이콘을 가볍게 눌러줍니다.**

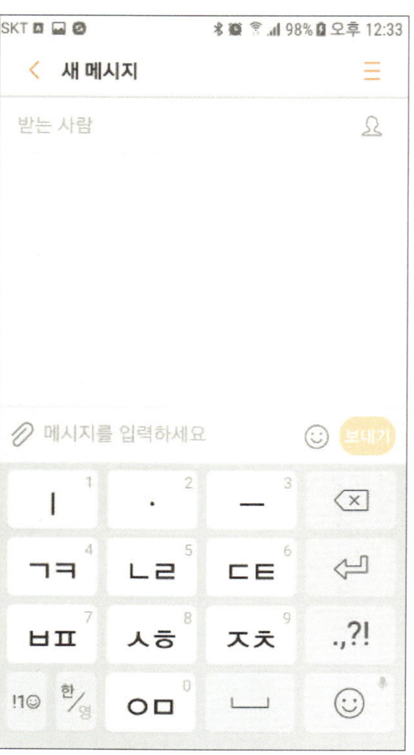

2 길게 누르기 : 기능 이용 중에 **특정 항목이나 화면을 2초 이상 길게** 누르면 이용할 수 있는 기능입니다.

❸ 드래그하기 : 아이콘 또는 이동이 가능한 항목을 **원하는 방향으로 옮기려면 길게 누른 채 원하는 위치로 드래그**합니다.

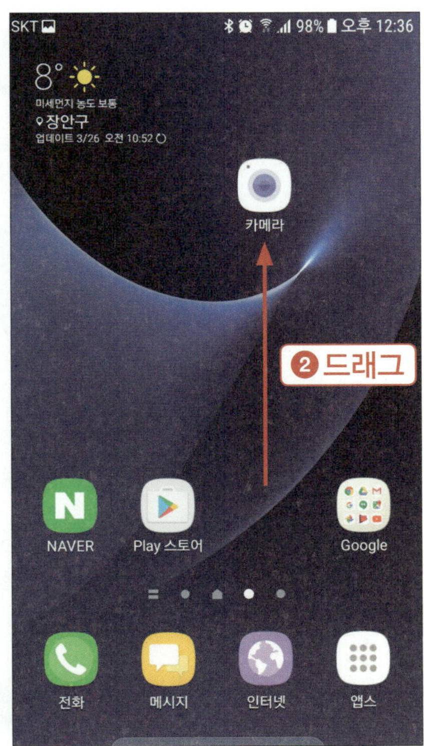

❹ 두 번 누르기 : **사진이 실행된 상태에서 화면을 빠르게 두 번 누르면** 화면을 확대/축소할 수 있습니다.

5 스크롤하기 : 홈 화면 또는 앱 화면에서 **손가락을 좌우로 스크롤** 하면 다른 페이지로 이동할 수 있습니다.

6 오므리고 펼치기 : 웹 페이지나 사진, 지도 등이 실행된 상태에서 화면을 엄지와 검지 **두 손가락으로 누르고 펴거나 오므리면** 화면을 확대/축소할 수 있습니다.

홈 화면을 추가하고 삭제하는 방법에 대하여 알아보고 자주 쓰는 앱을 홈 화면으로 이동하는 방법에 대하여 알아봅니다.

1 **홈 화면을 길게 2초 정도 누르면** 홈 화면 편집상태로 변경됩니다. 홈 화면을 **왼쪽으로 드래그하면 다른 홈 화면으로 이동**할 수 있습니다.

2 이때 홈 화면을 선택한 상태에서 **위쪽의 삭제로 드래그**하여 삭제할 수 있으며, **[+]를 눌러 새 홈 화면을 생성**할 수도 있습니다.

❸ 홈 화면으로 아이콘을 꺼내기 위해서는 [앱스 ⦂⦂⦂]를 눌러 해당 [갤러리 ⭐] 아이콘으로 이동한 후 **아이콘을 길게 누르고 있으면 홈 화면으로 화면이 자동으로 전환되고 원하는 곳에 아이콘을 끌어다 놓습니다.**

> **TIP** 홈 화면은 자주 사용하는 애플리케이션(Application)을 모아 놓은 공간입니다.

❹ 홈 화면에서 아이콘을 제거하기 위해서는 해당 아이콘을 길게 누르고 있으면 이동이 가능하며 이 때 상단의 **'바로가기 삭제'로 드래그하여 이동하면 삭제**됩니다. 홈 화면에서는 제거되었지만 애플리케이션 자체가 삭제된 것은 아닙니다.

⑤ 앱을 삭제하기 위해서는 [앱스 ⠿]를 누른 다음 화면 오른쪽 상단에 있는 [더 보기 ⋮] 버튼을 누른 후 [편집]을 누릅니다.

⑥ 삭제할 앱의 [삭제 −] 버튼을 누른 후 삭제 대화상자가 나타나며 [확인] 버튼을 누르면 앱이 삭제됩니다.

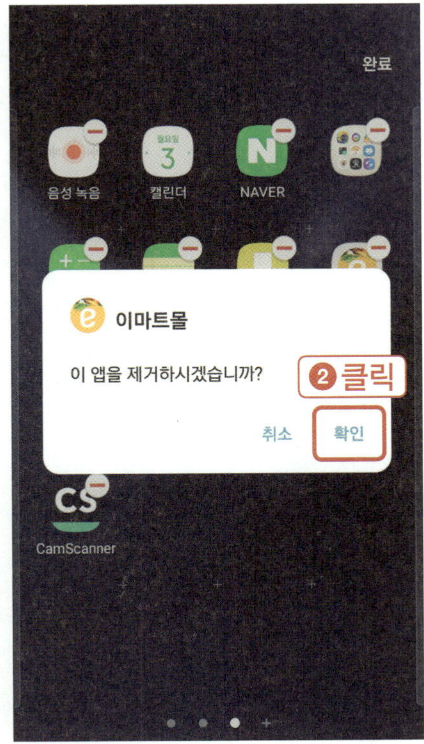

1 홈 화면의 빈 공간을 길게 눌러 홈 화면을 추가하여 보세요.

Hint! 홈 화면을 길게 누른 다음 화면을 왼쪽으로 이동하여 [+]를 눌러서 추가

2 앱스에서 계산기 앱을 찾아서 홈 화면으로 이동시켜 보세요.

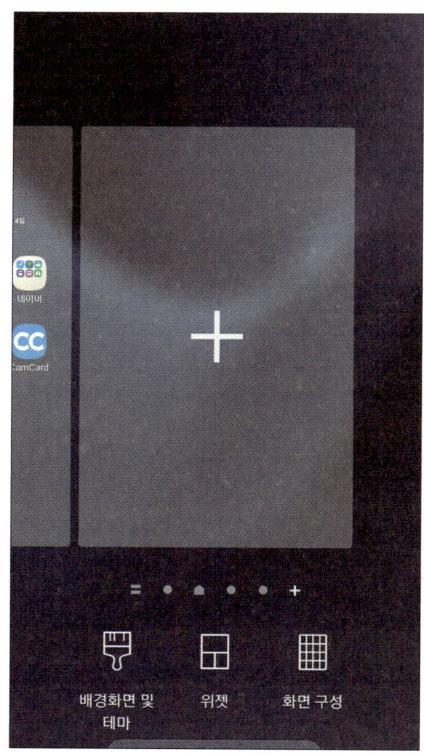

Hint! [앱스]-[계산기] 앱을 길게 누른 후 홈 화면으로 이동

02장 스마트폰 기본 환경 설정하기

화면의 밝기를 조절하거나, 벨소리, 버튼 음량, 무선인터넷(Wi-Fi) 등 스마트폰의 기본적인 설정은 대부분 '환경설정'에서 조정하실 수 있습니다. 스마트폰의 기본적인 환경 설정하는 방법에 대하여 살펴봅니다.

미리보기

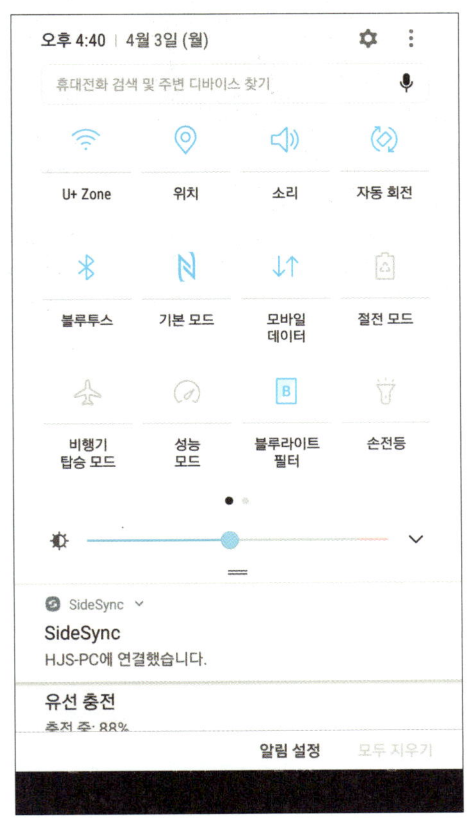

체크포인트

실습1 화면 설정하는 방법에 대하여 알아봅니다.
실습2 음량(소리)을 조절하는 방법에 대하여 알아봅니다.
실습3 문자를 입력하기 위해 키보드를 설정하는 방법에 대하여 알아봅니다.
실습4 무선인터넷(Wi-Fi)을 설정하는 방법에 대하여 알아봅니다.

디스플레이 설정하기

화면의 밝기를 조절하고 글자 크기, 화면 꺼짐시간 등을 조절하는 방법에 대하여 알아봅니다.

❶ 홈 화면에서 [앱스 ⠿]를 누른 후 오른쪽 하단의 [설정 ⚙]을 눌러 [설정] 페이지로 이동합니다.

❷ [설정] 페이지에서 [디스플레이 ▨]를 누르고 '밝기'의 '둥근 모양 조절' 아이콘을 오른쪽으로 이동하면 스마트폰 화면이 더욱 밝아지는 것을 확인할 수 있습니다.

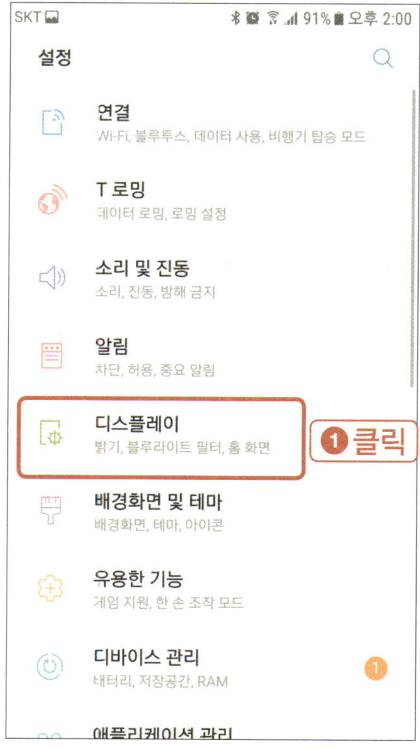

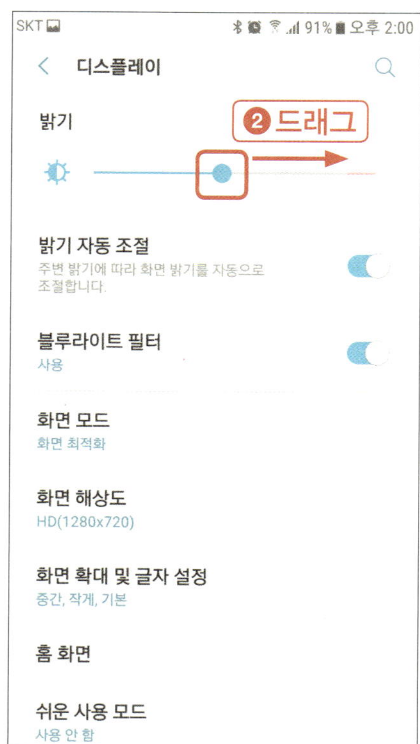

❸ 스마트폰 글자크기를 조절하기 위해 [디스플레이] 페이지에서 **[화면 확대 및 글자 설정]을 누르고**
'화면확대'의 '둥근 모양 조절' 아이콘을 '크게' 쪽으로 드래그한 후 **'글자 크기'의 '둥근 모양 조절' 아**
이콘을 '최대 크게' 쪽으로 드래그하여 화면 아이콘 크기 및 글자의 크기를 조절합니다.

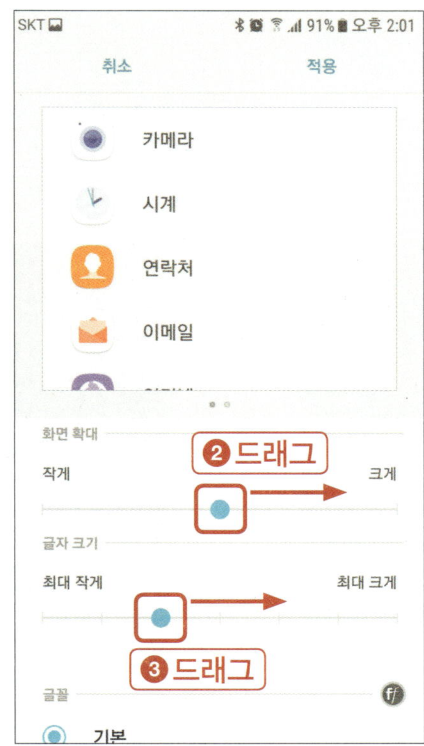

❹ 화면의 자동 꺼짐 시간을 조절하기 위해 [디스플레이 📱] 페이지에서 **[화면 자동 꺼짐 시간]을 누**
르고 15초, 30초, 1분, 2분, 5분, 10분 중 화면 상태가 **유지 되는 시간을 선택**합니다.

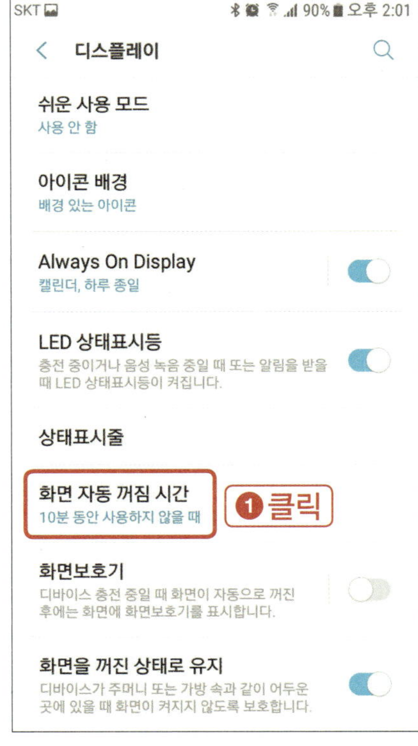

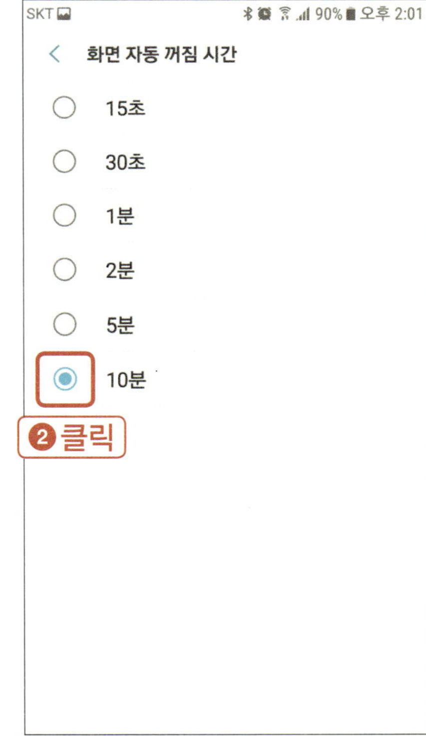

홈 화면의 **위쪽에 있는 상태바를 아래쪽으로 끌어서** 나타나게 해보세요. [세로 🔒]와 [회전 ↻] 2가지 중에 하나를 선택하여 화면 방향을 쉽게 설정할 수 있습니다.

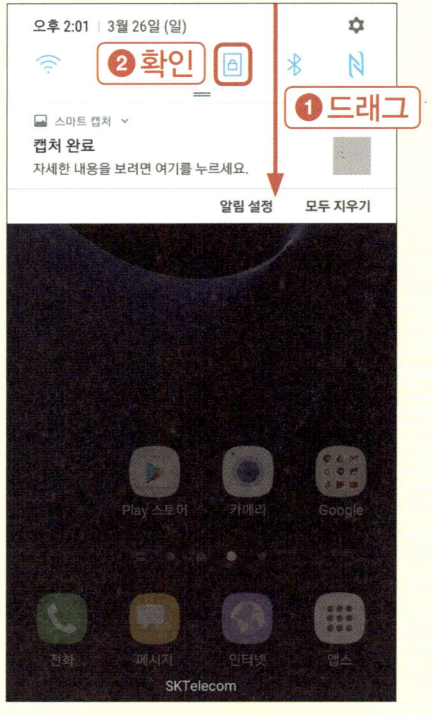

▲세로(🔒 세로방향으로 고정)　　　▲회전(↻ 세로, 가로 방향으로 자동 전환)

실습2 소리 설정하기

전화 벨 소리, 동영상 음량, 메시지 알림 소리, 터치 소리 등 음량을 조절하는 방법에 대하여 알아봅니다.

❶ 벨소리가 너무 작아서 좀 더 벨소리를 키울 때는 홈 화면에서 [앱스 ▦]–[설정 ⚙]을 누른 후 **[설정] 페이지에서 [소리 및 진동 🔊]을 누르고 [소리 및 진동] 페이지에서 [음량]**을 누릅니다.

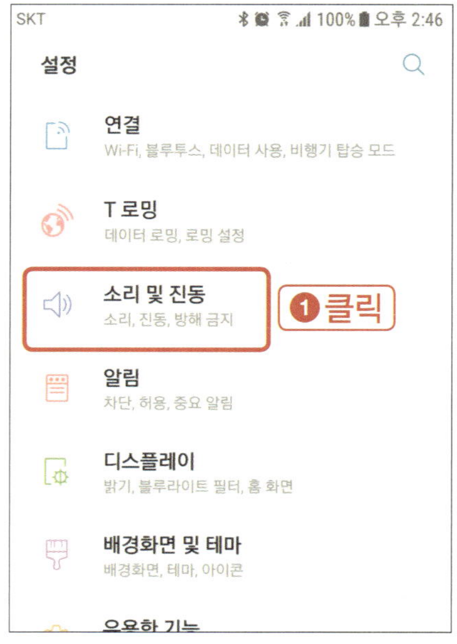

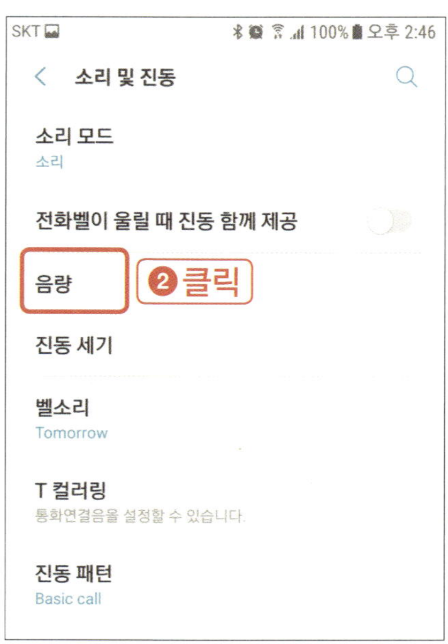

❷ [음량] 페이지에서 '벨소리'의 조절 단추를 오른쪽으로 이동하여 음량을 키울 수 있습니다. 벨소리는 물론 미디어, 알림, 시스템 볼륨, 통화 중 전화알림음 등의 음량을 키우거나 줄일 수 있습니다.

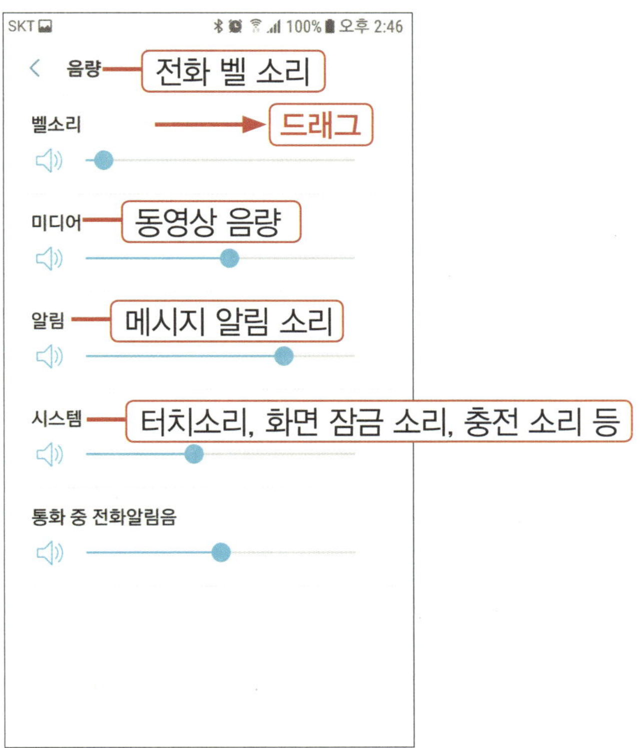

상태표시줄을 이용하여 음량 설정하기

홈 화면의 위쪽에 있는 **상태바를 아래쪽으로 끌어서** 나타나게 해보세요. **소리모드, 무음모드, 진동모드 3가지 중에 하나를 선택**하여 바로바로 쉽게 설정할 수 있습니다. 극장이나 공공장소에서 벨 소리를 잠시 꺼둬야 할 때 주로 사용합니다.

▲소리모드 (소리O, 진동X)　　　▲진동모드 (소리X, 진동O)　　　▲무음모드 (소리X, 진동X)

③ 벨소리와 진동을 함께 설정하려면 [설정] 페이지에서 [소리 및 진동]을 눌러서 [소리 모드]를 '소리'로 지정하고, '전화벨이 울릴 때 진동 함께 제공'을 [ON 🔵]으로 지정하면 소리와 진동을 같이 오도록 설정할 수 있습니다.

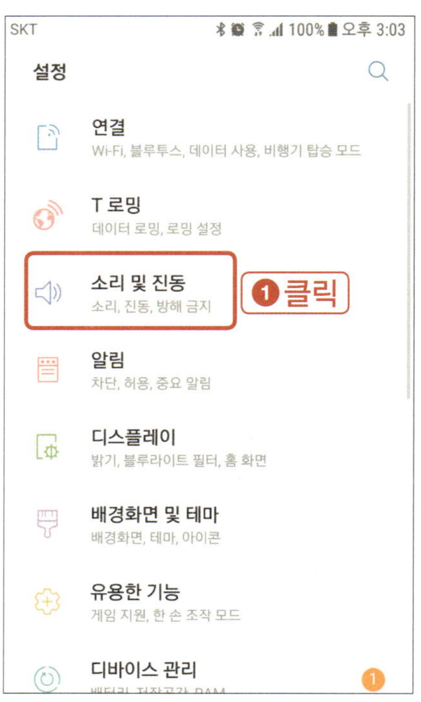

실습 3 문자입력(키보드설정)

문자를 입력할 때 키보드의 글자가 작아서 불편할 경우가 있습니다. 키보드의 글자를 크게 지정하는 방법에 대하여 알아봅니다.

① 홈 화면의 [앱스 ▦]를 누른 후 [설정 ⚙]을 눌러 [설정] 페이지로 이동하고, [설정] 페이지에서 [일반 ⚏]을 누릅니다. [일반] 페이지에서 [언어 및 입력 방식]을 누릅니다.

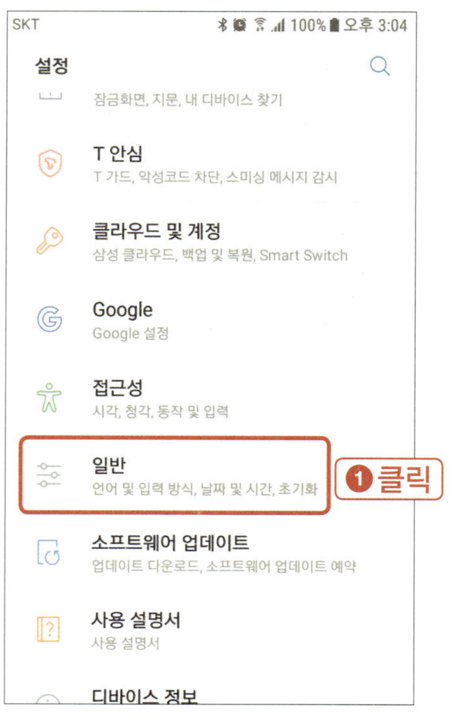

❷ [언어 및 입력 방식] 페이지에서 **[가상 키보드]를 누르고** [가상 키보드] 페이지에서 **[삼성 키보드]를 누릅니다.**

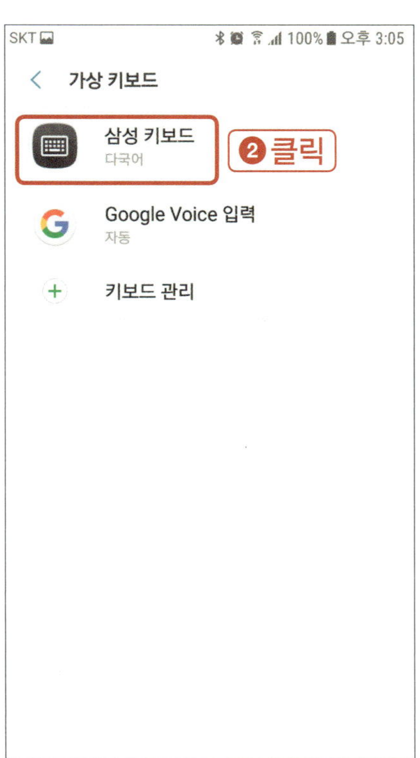

❸ [삼성 키보드] 페이지에서 **[언어 및 키보드 형식]을 누르고 [한국어]를 누르면** 문자를 입력하는 방식목록이 나타납니다. 쿼티 키보드, 천지인 키보드, 천지인 플러스 키보드, 단모음 키보드 등이 있으며 이 중에서 **천지인 키보드를 선택**하여 설정을 변경합니다.

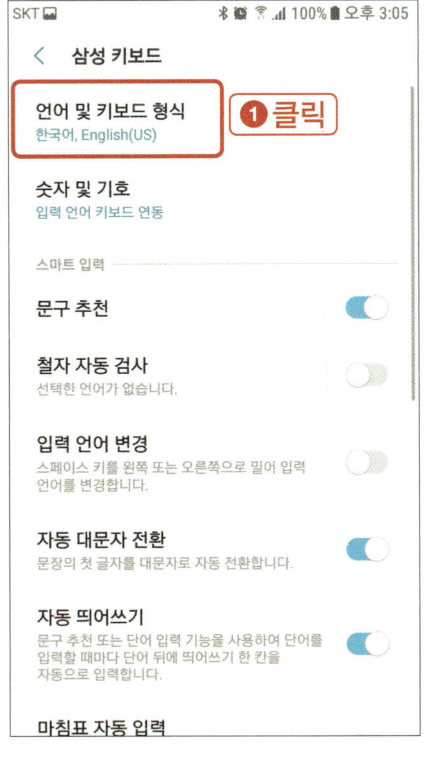

④ 쿼티 키보드로 설정되어 있다면 아래와 같이 **천지인 키보드로 설정이 변경**됩니다.

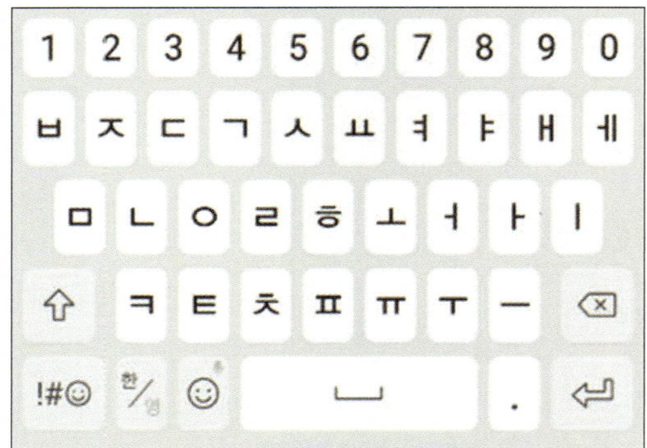

▲ 쿼티 키보드

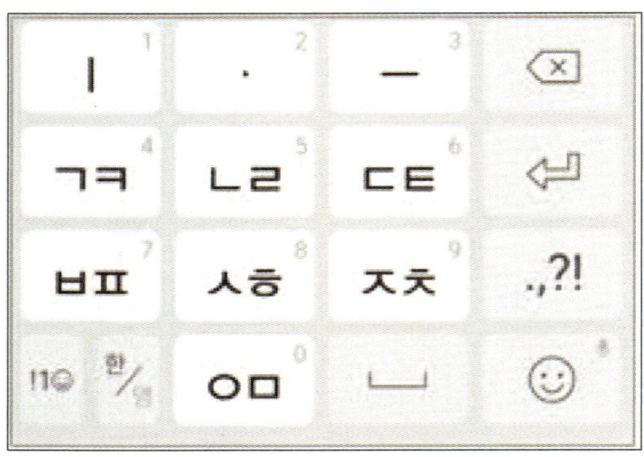

▲ 천지인 키보드

TIP '여름'을 입력해볼까요?

여 :  한 번, ㆍ 두 번, ㅣ 한 번

름 : ㄴㄹ 두 번, ㅡ 한 번, ㅇㅁ 두 번

무선인터넷(Wi-Fi)

무선인터넷(Wi-Fi)은 이동 중 사용이 불가능하지만, 무료로 사용할 수 있는 네트워크입니다.
반면 3G, 4G(LTE)는 이동 중 전국 어디서나 빠른 속도로 즐길 수 있지만, 사용하는 양에 따라 데이터가 소비되어 요금을 내야 합니다. Wi-Fi 신호가 잡히는 집이나 사무실 등에서는 Wi-Fi를 설정하면 데이터 요금을 절약할 수 있습니다.

1 홈 화면에서 [앱스]-[설정]을 눌러 **[설정] 페이지로 이동**한 후 [연결]을 누르고 **[연결] 페이지에서 [Wi-Fi]를 누릅니다.**

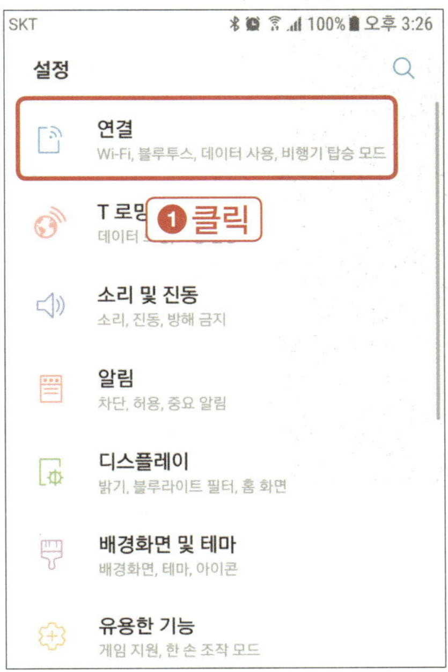

2 [Wi-Fi] 목록에서 활성화된 **Wi-Fi를 눌러 무선 인터넷에 접속**합니다. Wi-Fi가 연결되면 상태표시줄에 **와이파이연결( ) 표시**가 나타납니다.

상태표시줄을 이용하여 Wi-Fi 설정하기

화면의 위 **상태바를 아래쪽으로 끌어서** 나타나게 해보세요. **Wi-Fi를 키거나 끌 수** 있습니다.

▲Wi-Fi 켬(무선 인터넷 사용 가능)　▲Wi-Fi 꺼짐(무선 인터넷 사용 불가)

Wi-Fi vs 3G, 4G(LTE)

- 이동 중이거나 데이터 사용에 여유가 있을 때 : 3G, 4G(LTE)
- 한 장소에 머물면서 Wi-Fi 신호가 잡힐 때 : Wi-Fi

1 주변 밝기에 따라 화면 밝기를 자동으로 조절되도록 설정하여 보세요.

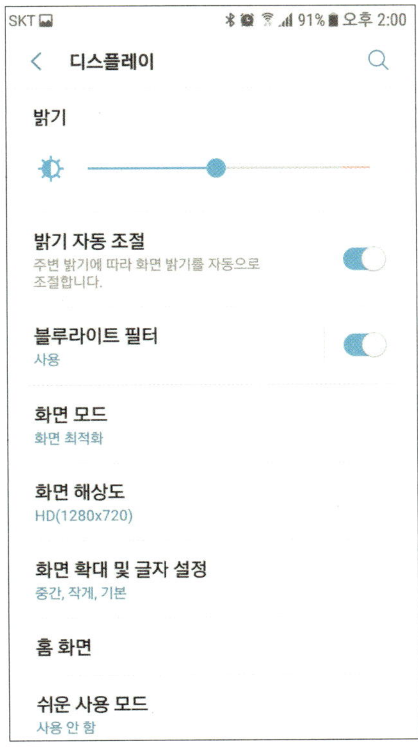

Hint! [앱스]-[설정]-[디스플레이]-
밝기 자동 조절을 [ON]으로 설정

2 스마트 폰에 지정된 벨소리를 다른 벨소리로 변경하여 보세요.

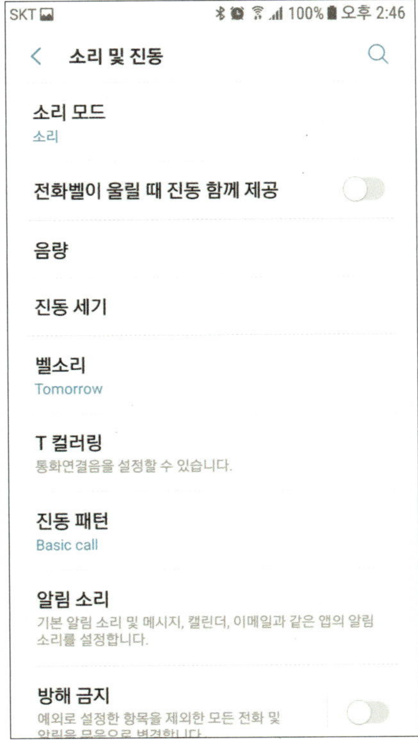

Hint! [앱스]-[설정]-[소리 및 진동
____]에서 벨소리 지정

03장 전화걸기와 문자 메시지

스마트폰의 가장 기본적인 기능인 스마트폰으로 전화걸기와 문자메시지 보내기 입니다. 일반적인 폰과는 다른 스마트폰만의 특별한 전화와 문자메시지 기능에 대해서 익혀봅니다.

미리보기

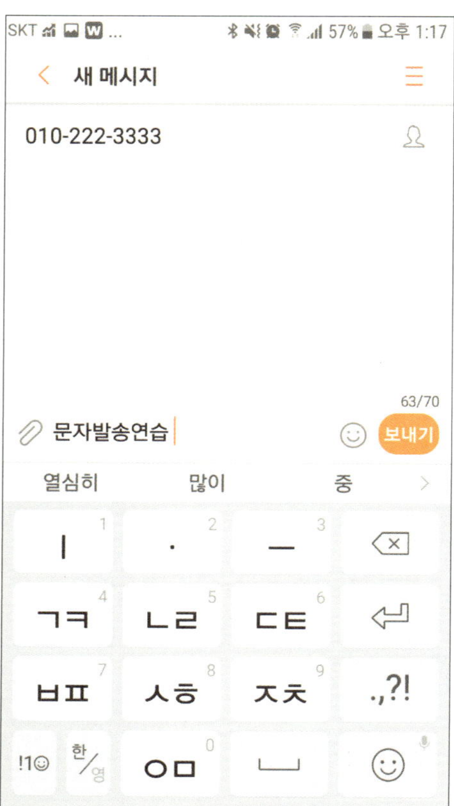

체크포인트

실습1 스마트폰으로 전화 거는 방법에 대하여 알아봅니다.
실습2 전화번호부에 연락처를 추가하고 단축번호를 지정하는 방법에 대하여 알아봅니다.
실습3 전화 벨소리를 변경하는 방법에 대하여 알아봅니다.
실습4 스마트폰으로 문자메시지를 전송하고 확인하는 방법에 대하여 알아봅니다.
실습5 문자메시지를 지우는 방법에 대하여 알아봅니다.

스마트폰으로 전화걸기

스마트폰으로 전화를 거는 방법 중 다이얼 키패드를 이용하는 방법과 전화번호를 검색하여
전화를 거는 방법에 대하여 알아봅니다.(예시는 갤럭시S7에 기반을 두어 설명하였습니다.)

1 다이얼 키패드에 전화번호를 직접 입력하여 통화하기 위해 **홈 화면에서 하단의 [전화 📞] 아이콘
을 눌러** 다이얼 패드를 나타나게 합니다.

2 다이얼 패드가 나타나면 원하는 **전화번호를 입력**한 후 하단의 **[통화 📞] 아이콘을 눌러 통화**를 합
니다.

❸ 연락처(전화번호부)에서 전화번호를 검색하여 통화하기 위해 홈 화면에서 [전화 📞] 아이콘을 누른 후 상단의 [연락처]를 선택합니다. 스마트폰에 저장된 연락처 리스트가 나타나면 화면에 손가락을 대고 위아래로 움직이면 연락처 리스트를 ㄱ, ㄴ, ㄷ순으로 확인하실 수 있습니다.

❹ 화면을 아래쪽으로 내리면서 전화를 걸고자하는 분의 이름을 찾아도 되지만, 상단에 있는 [연락처 검색]에 글자 한두 개만 입력해도 검색 결과가 쉽게 나타납니다. 원하는 이름을 누르고 [통화 📞] 아이콘을 누르면 전화통화가 됩니다.

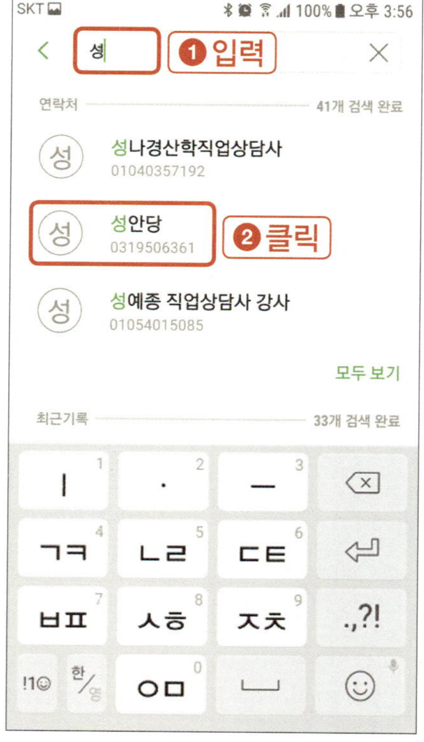

전화번호부에 연락처 추가 및 단축번호 지정

스마트폰에 연락처를 추가하는 방법과 자주 사용하는 연락처에 단축 번호를 지정하는 방법에 대하여 알아봅니다.

1 [전화 📞]를 누른 다음 [다이얼 패드 ⦂] 아이콘을 눌러 키패드를 나타나게 하고 **전화번호를 입력한 후** [연락처에 추가]를 누르고 목록이 나타나면 [**새 연락처 추가**]를 누릅니다.

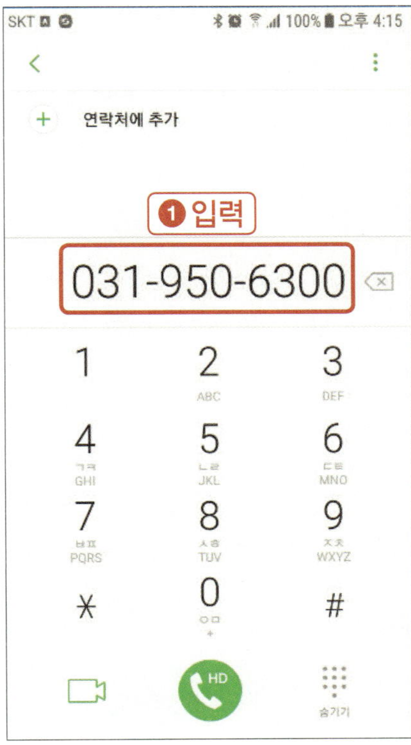

2 '이름'을 입력한 후 [저장] 버튼을 눌러 저장합니다.

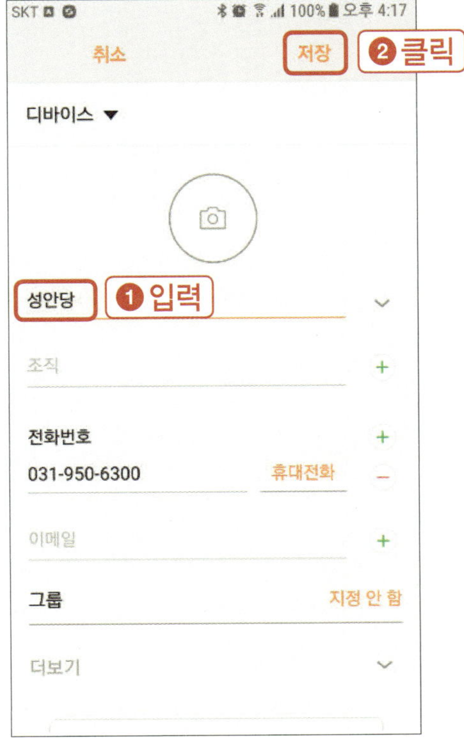

❸ 다이얼 패드에서 **오른쪽 상단에 [더보기 ⋮]를 누른 다음 목록이 나타나면 [단축번호]를 선택**합니다.

❹ [단축번호] 페이지에서 **단축번호를 지정한 후 '이름 또는 번호'에 단축 번호를 지정할 이름이나 전화번호를 입력**한 후 **아래쪽에 이름을 선택하면 단축번호가 지정**됩니다.

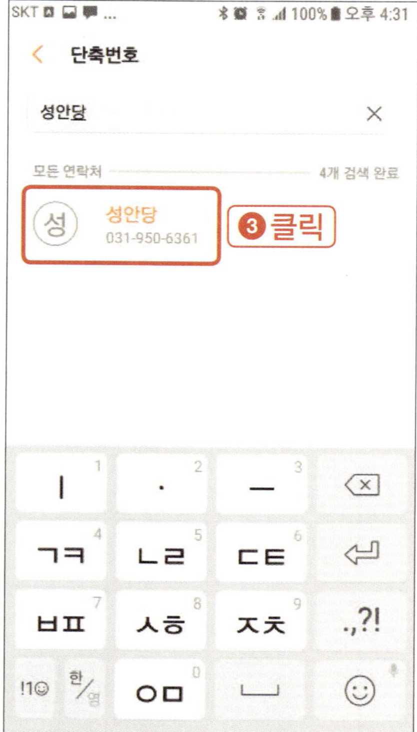

❺ 다음과 같이 단축 번호가 지정되면 **전화를 걸 때 단축번호 숫자를 길게 누르면 전화가 걸립니다.**

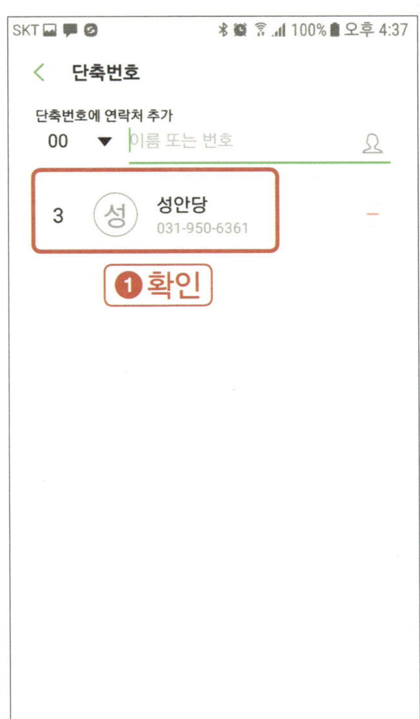

실습 3

전화 벨소리 지정하기

자신의 마음에 드는 벨소리로 지정하는 방법에 대하여 알아봅니다.

❶ 홈 화면에서 [앱스 ⠿]-[설정 ⚙]을 눌러 [설정] 페이지로 이동한 후 [소리 및 진동]을 선택합니다.

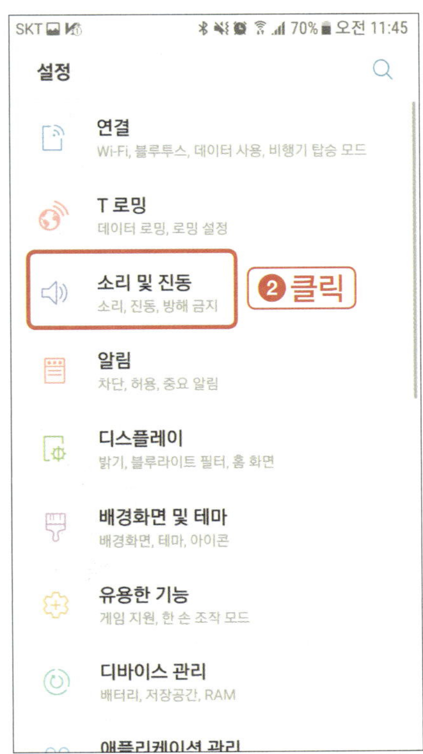

❷ [소리 및 진동] 페이지에서 **[벨소리]를 누르고 [벨소리] 페이지에서 원하는 벨소리를 누르면** 벨소리가 변경되어 지정됩니다.

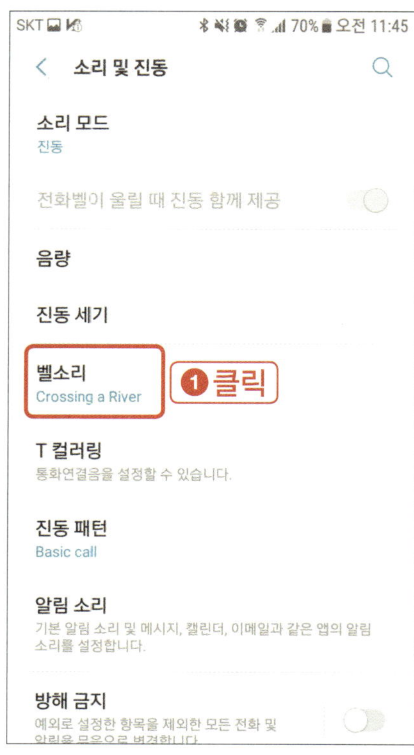

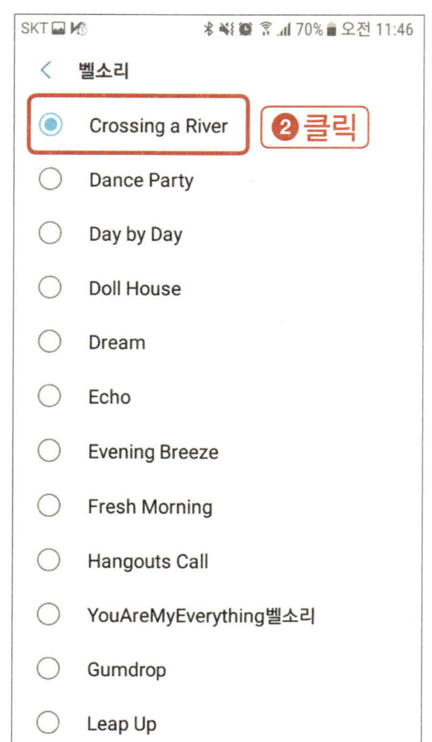

TIP **다운 받은 노래를 벨소리로 지정하기**

[벨소리] 페이지의 아래쪽에 **[디바이스 저장 공간에서 추가]를 누른 다음 [사운드 선택기] 페이지에서 다운 받은 노래를 벨소리로 지정**할 수 있습니다.

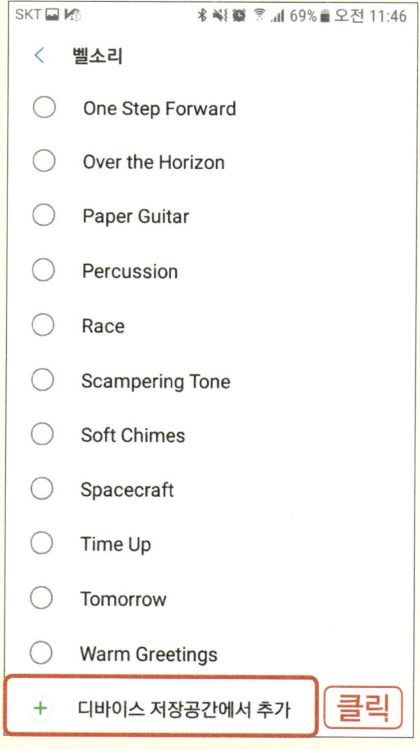

스마트폰으로 문자메시지 전송 및 확인하기

스마트폰으로 일반 문자를 발송하고 문자를 확인하는 방법과 예약 문자를 발송하는 방법에 대하여 알아봅니다.

① 홈 화면에서 [메시지] 아이콘을 선택한 후 [새 메시지] 버튼을 선택합니다.

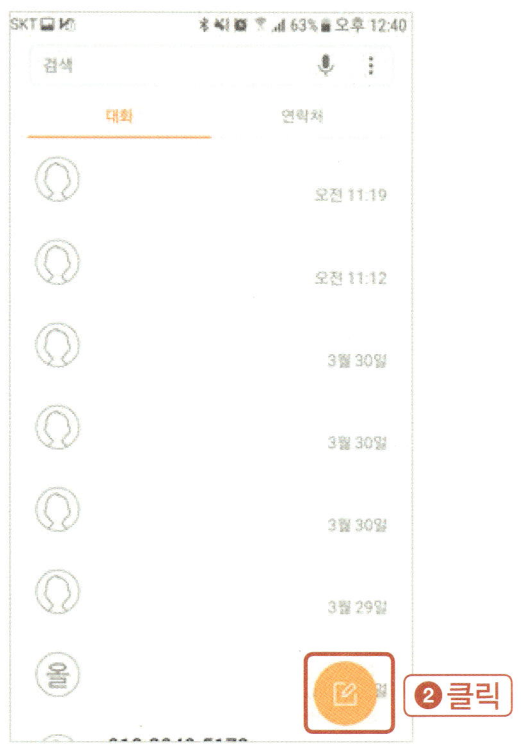

② [수신인 선택] 페이지에서 작성 버튼을 누르고 [새 메시지] 페이지에서 '받는 사람'에 전화번호 또는 이름을 입력한 후 전송할 메시지를 작성하고 보내기 버튼을 클릭하여 문자를 전송합니다.

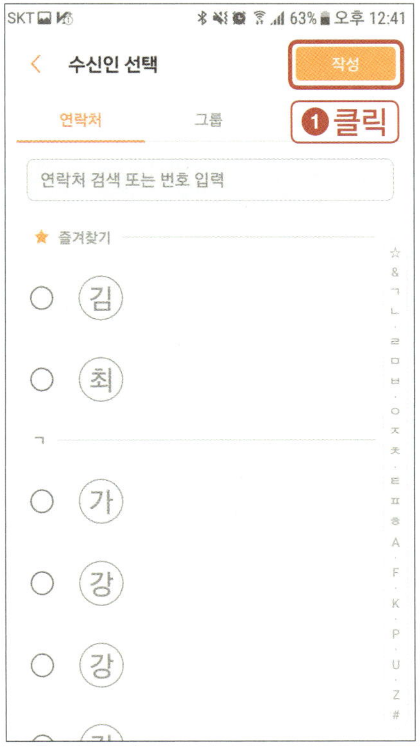

❸ 자신이 원하는 시간에 특정인에게 미리 준비한 메시지를 예약 전송하기 위해 홈 화면에서 [메시지 🟧] 아이콘을 누르고 [새 메시지 ✐] 버튼을 누릅니다.

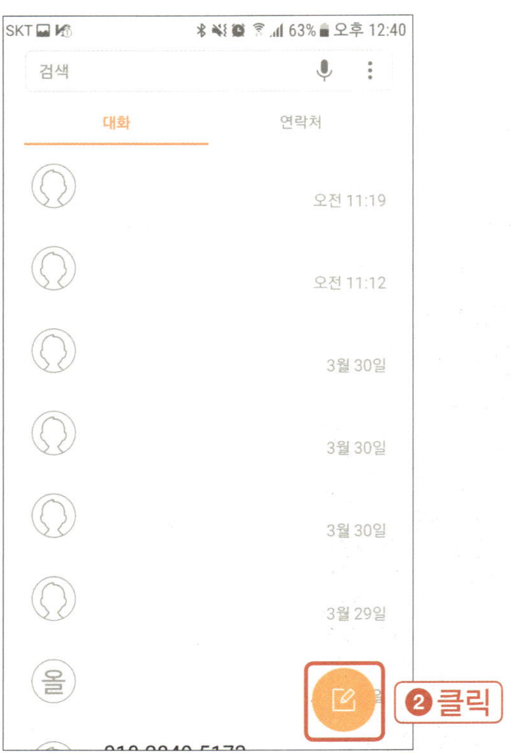

❹ [수신인 선택] 페이지에서 [작성] 버튼을 누르고 '받는 사람'에 전화번호 또는 이름을 입력한 후 전송할 메시지를 작성하고 오른쪽 상단에 있는 [메뉴 ☰] 버튼을 누릅니다.

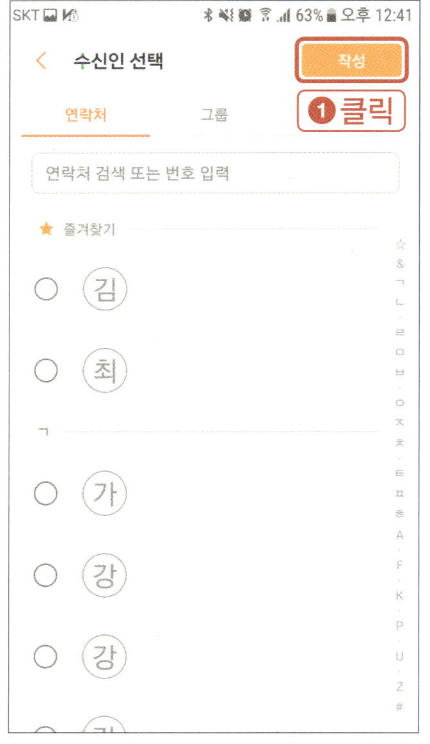

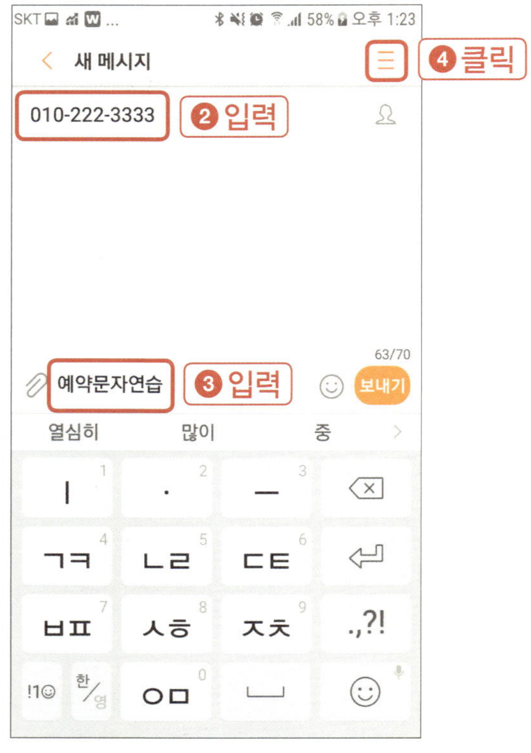

5 메뉴에서 **[메시지 전송 예약]을 누르고 날짜와 시간을 지정한 후 [완료] 버튼**을 누릅니다.

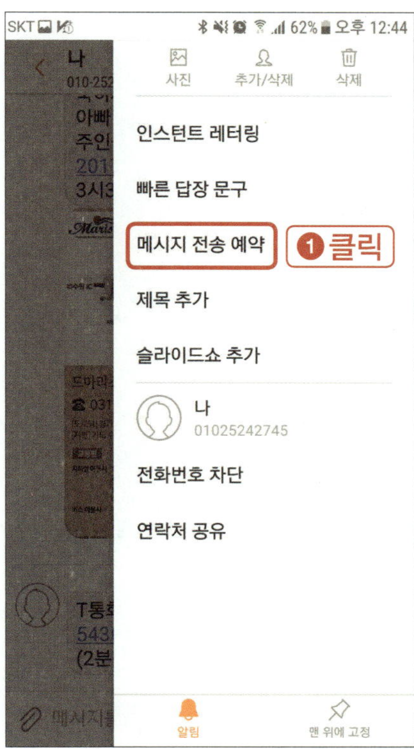

6 메시지 입력창 오른쪽의 **[예약문자 보내기 🔲] 버튼을 눌러서 전송**합니다.

7 예약한 문자를 취소하기 위해서는 작성한 문자왼쪽의 **[시계 🕓] 아이콘을 누른 후 메시지 삭제를 선택**하면 예약발송 문자를 취소할 수 있습니다.

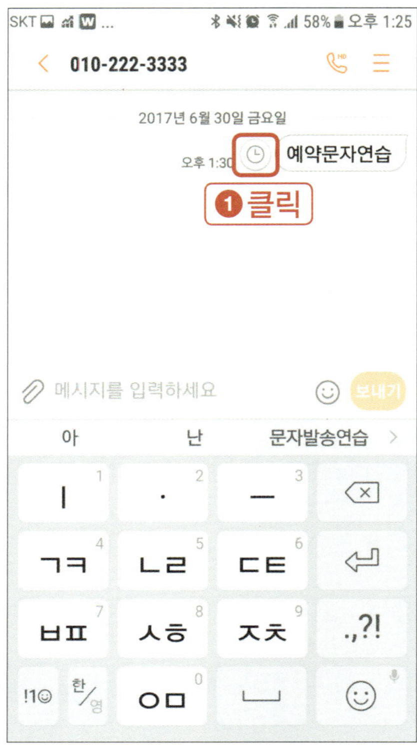

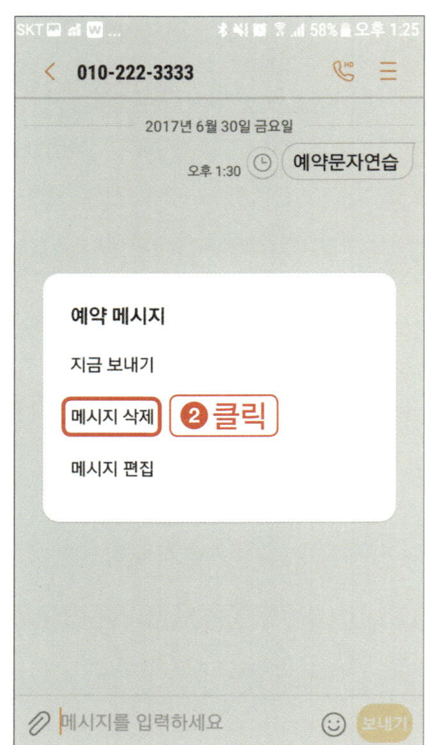

1 연락처에 지인의 연락처를 추가하고 통화해 보세요.

> **Hint!** [전화 📞]-[다이얼 패드 ⊞]를 누른 후 전화번호를 입력-[연락처에 추가]-[새 연락처 추가]-이름을 입력한 후 [저장]

2 연락처에 등록되어 있는 지인에게 문자메시지를 전송하여 보세요.

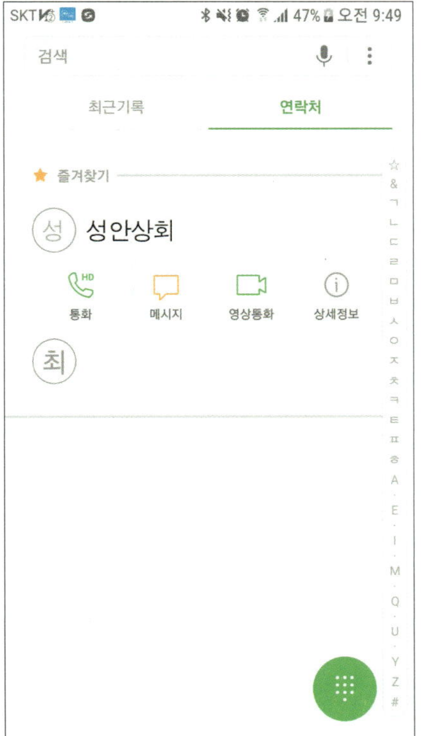

> **Hint!** [메시지 💬]-[새 메시지 ✎]-[연락처]에서 대상을 선택-[작성]-문자입력-[보내기]

04장 카메라 사용하기

기본 카메라기능을 학습하고 사진을 촬영하는 방법을 익히고 메시지에 사진을 첨부하여 전송하는 방법에 대하여 살펴보도록 하겠습니다.

미리보기

체크포인트

실습1 카메라 앱의 화면 구성 및 기능에 대하여 알아봅니다.

실습2 사진 촬영하는 방법에 대하여 알아봅니다.

실습3 메시지에 사진을 첨부하여 전송하는 방법에 대하여 알아봅니다.

스마트폰으로 사진을 촬영하기 위한 카메라의 버튼들의 기능에 대하여 알아봅니다.

❶ **카메라전환** : 전면카메라와 후면 **카메라를 전환** 할 수 있습니다.

❷ HDR (High Dynamic Range) : 노출이 다른 사진을 연속 촬영한 후 **잘 나온 하나의 사진으로 합성**해주는 기능

❸ **플래시** : 플래시를 켜고 끌 수 있습니다.

❹ **환경설정** : 촬영모드 등의 **기능을 설정**할 수 있습니다.

❺ **동영상촬영버튼** : 동영상을 촬영하는 버튼입니다.

❻ **사진촬영버튼** : 사진을 촬영하는 버튼입니다.

❼ **갤러리** : 촬영한 사진이나 동영상을 **갤러리에서 확인**할 수 있습니다.

카메라 앱을 실행하고 사진을 촬영하는 방법에 대하여 알아봅니다.

1 카메라를 실행하기 위해 홈 화면에서 [카메라 ] 아이콘을 누르거나 [**앱스**]–[**카메라**] 아이콘을 누릅니다. **촬영버튼을 눌러서 사진을 촬영**합니다.

> **TIP** **연속촬영하기**
>
> 사진을 연속촬영하기 위해서는 **촬영버튼을 길게 누르고 있으면 연속으로 촬영**됩니다.

2 타이머를 설정하여 사진 촬영하기 위해 **카메라 앱을 실행한 후 오른쪽 상단에 있는 [설정]을 누르**고 [카메라 설정] 페이지의 아래쪽에 [타이머]를 누릅니다. **[타이머]** 페이지에서 **2초, 5초, 10초 중 하나를 선택**한 후 스마트폰의 [**뒤로 돌아가기**] **버튼을 클릭**하여 카메라로 이동합니다.

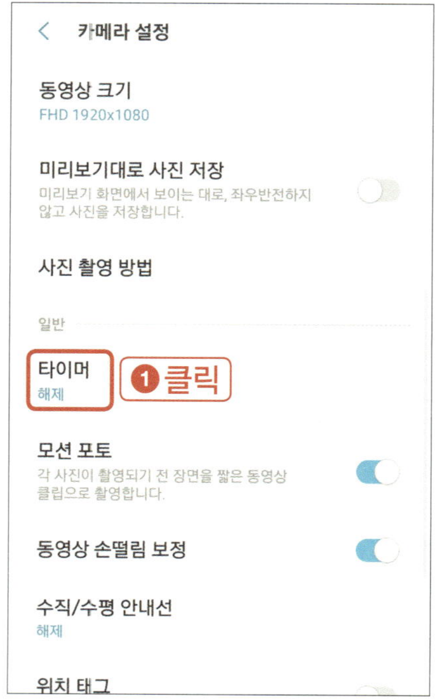

❸ 촬영 버튼을 누르면 촬영이 시작되고 화면에 카운트가 표시되며 **카운트가 0이 되면 사진이 촬영**됩니다.

 갤럭시S7은 홈 버튼을 두 번 누르면 빠르게 카메라가 자동으로 실행됩니다.

급하게 카메라를 실행할 때 카메라 앱을 바로 실행 할 수 있도록 빠른 기능을 설정 할 수 있습니다. 빠른 실행 기능은 홈 버튼을 두 번 눌러서 카메라를 실행하는 방법입니다.

카메라를 실행한 후 [설정]-[카메라 설정] 페이지의 아래쪽에 [빠른 실행]을 [ON 🔵]으로 지정합니다.

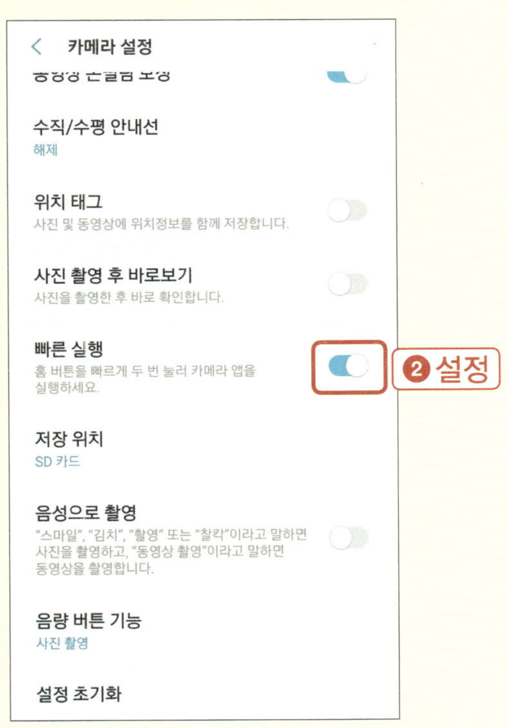

빠르게 카메라를 실행하기 위해서는 **홈 버튼을 두 번 누르면 카메라가 실행**됩니다. 화면이 잠금 상태로 되어 있거나 화면이 꺼진 상태에서도 홈 버튼을 두 번 누르면 카메라가 빠르게 실행됩니다.

사진을 촬영하고 메시지에 첨부하여 보내는 방법에 대하여 알아봅니다.

1 홈 화면에서 [메시지 💬] 아이콘을 누른 후 [새 메시지 ✍] 버튼을 누릅니다.

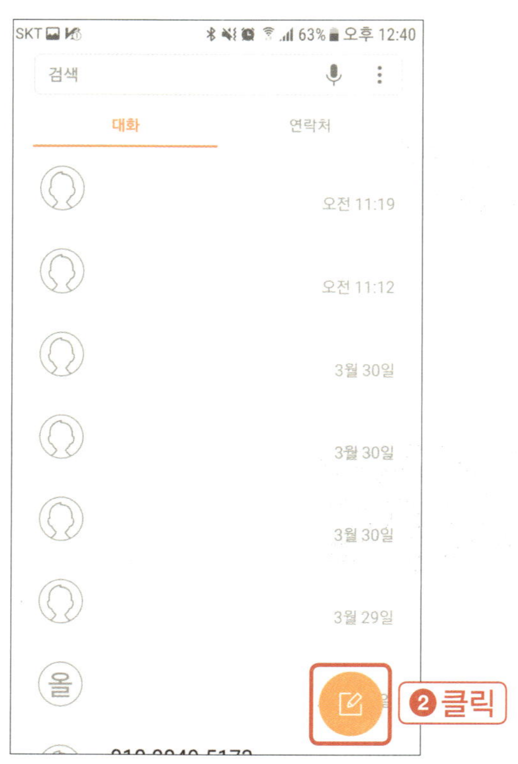

2 [수신인 선택] 페이지에서 작성 버튼을 누릅니다. '받는 사람'에 전화번호 또는 이름을 입력한 후 [첨부 📎] 버튼을 누릅니다.

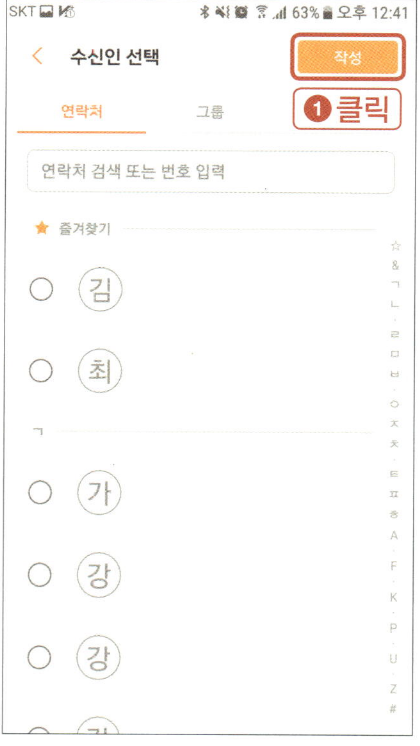

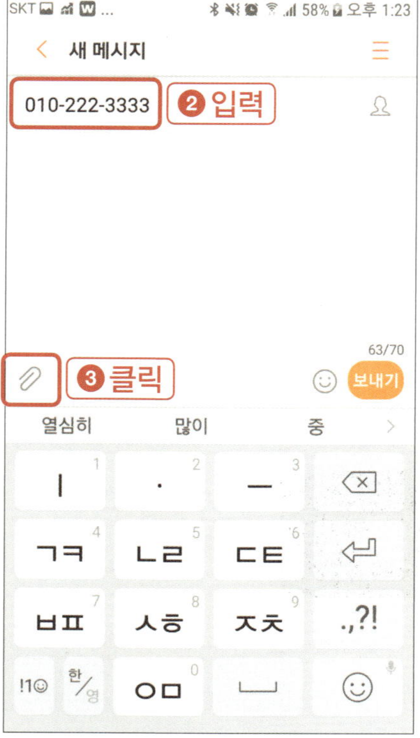

❸ 아래쪽에 [카메라] 메뉴를 선택 한 후 사진을 촬영하면 촬영된 사진이 자동 첨부되며 [보내기] 버튼을 눌러 사진을 전송할 수 있습니다.

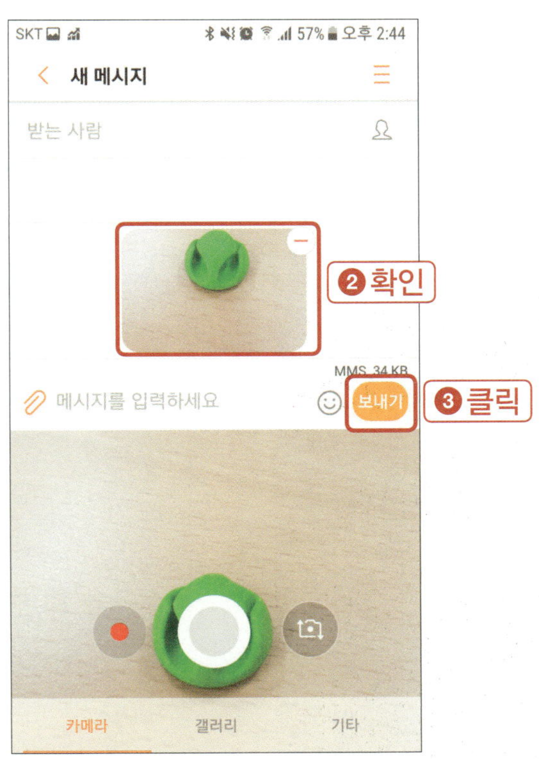

❹ 하단의 [갤러리] 메뉴를 선택하면 갤러리에 있는 사진들을 첨부할 수 있으며 [기타] 메뉴를 선택하면 동영상, 오디오, 등을 첨부하여 전송할 수도 있습니다.

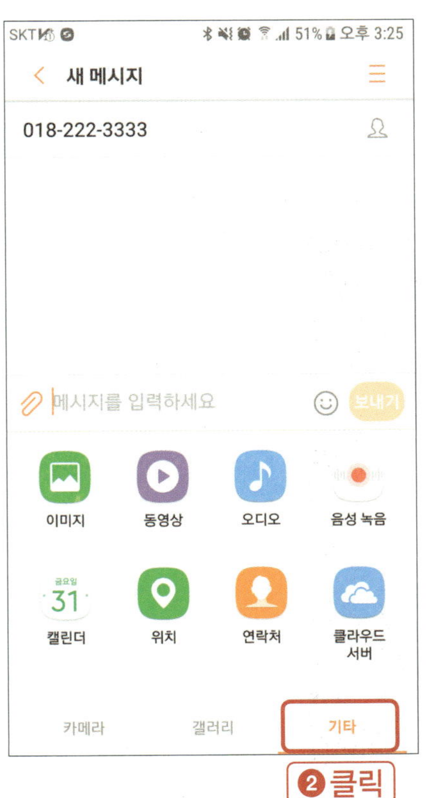

1 사진을 촬영하고 촬영된 사진을 갤러리에서 불러와서 효과를 '깊이 있게'로 지정하여 보세요.

> **Hint!** [앱스 ▦]–[카메라 ◉] 앱을 실행하여 사진을 촬영–[갤러리]에서 촬영한 사진을 선택하고 [편집]–[효과]–[깊이 있게]를 선택합니다.

2 동영상을 촬영하고 촬영된 동영상을 갤러리에서 불러와서 효과를 '빈티지'로 지정하여 보세요.

> **Hint!** [앱스 ▦]–[카메라 ◉] 앱을 실행하여 동영상을 촬영–[갤러리]에서 촬영한 동영상을 선택하고 [편집]–[효과]–[빈티지]를 선택–[동영상 저장]

유용한 기본 앱 사용하기

스마트폰에 기본적으로 제공되는 앱들 중 알람, 계산기, 캘린더 메모, 음성 녹음 기능을 사용하는 방법에 대하여 알아봅니다.

미리보기

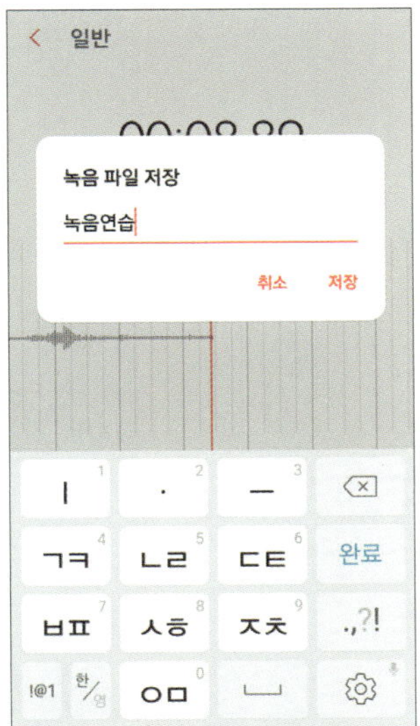

체크포인트

실습1 알람을 설정하는 방법에 대하여 알아봅니다.

실습2 계산기를 사용하는 방법에 대하여 알아봅니다.

실습3 캘린더 메모를 사용하는 방법에 대하여 알아봅니다.

실습4 음성 녹음기능을 사용하는 방법에 대하여 알아봅니다.

알람 설정하기

요일별로 알람을 설정하는 방법과 세계시간을 설정하는 방법에 대하여 알아봅니다.

1 [앱스 ▦]에서 **[시계]** **아이콘을 실행**한 후 [시계] 페이지에서 **[알람 추가 ⊕] 버튼을 누릅니다.**

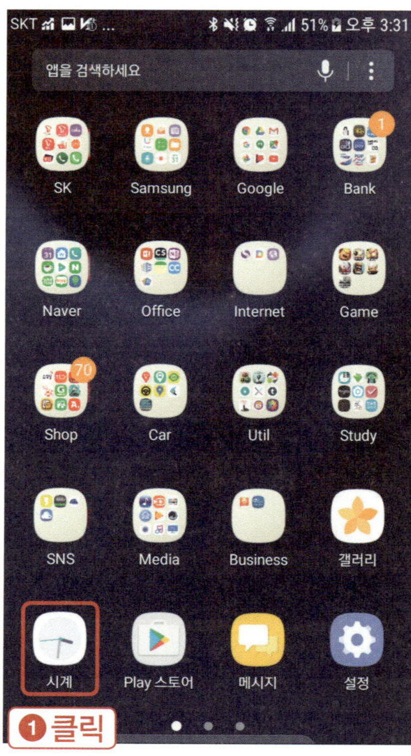

2 시간을 **오전 7:00로 지정**하고 '요일 반복'에서 **월, 화, 수, 목, 금을 선택 한** 후 [저장] 버튼을 눌러 저장합니다. 다음과 같이 월~금 오전 7시에 알람이 설정이 되며 **[OFF ◯]로 지정하면 설정된 알람을 끌 수 있습니다.**

3 세계시각을 알아보기 위해 [시계] 페이지에서 **[세계시작] 메뉴를 누르고 [도시 추가] 페이지에서 도시를 선택한 후 [추가]**를 눌러 시각으로 추가합니다.

4 스톱워치를 사용하기 위해 [시계] 페이지에서 **[스톱워치] 메뉴를 누르고 [시작] 버튼**을 누르면 스톱워치가 작동하며 **[중지] 버튼을 누르면 중지**됩니다.

⑤ 타이머를 사용하기 위해 [시계] 페이지에서 **[타이머] 메뉴를 누르고 타이머 시간을 지정한 후 [시작]
버튼을 누르면 타이머가 작동됩니다.

실습2 계산기 사용하기

스마트폰의 계산기를 사용하는 방법에 대하여 알아봅니다.

① [앱스 ⋮⋮⋮]에서 **[계산기 ▦] 앱을 눌러서 계산기를 실행**합니다.

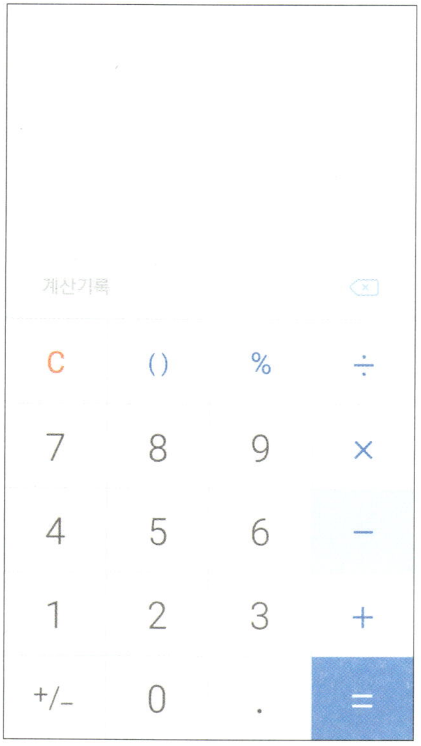

❷ 계산할 **숫자와 연산기호를 입력**한 후 **[=]을 누르면 계산이 완료**됩니다.

❸ **[계산기록]을 누르면 기존에 계산했던 내용**을 볼 수 있으며 **스마트폰을 가로로 돌리면 공학용 계산기**로 전환됩니다.

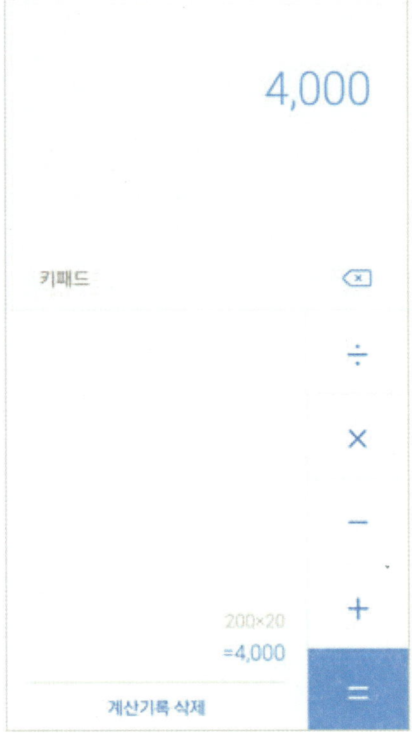

캘린더 메모 사용하기

캘린더를 이용하여 약속날짜에 메모를 입력하고 알람을 설정하는 방법에 대하여 알아봅니다.

① 홈 화면의 [앱스 ▦]를 누른 후 **[캘린터 31] 앱을 실행**하고 메모를 추가할 **날짜를 선택한 후 [추가 +] 버튼**을 누릅니다.

② 메모 **내용을 입력하고 [저장]**을 누르면 메모가 입력이 되고 **[알람 🔔]을 선택한 후 알람 시간을 지정**하면 해당 날짜에 알람이 울리게 됩니다.

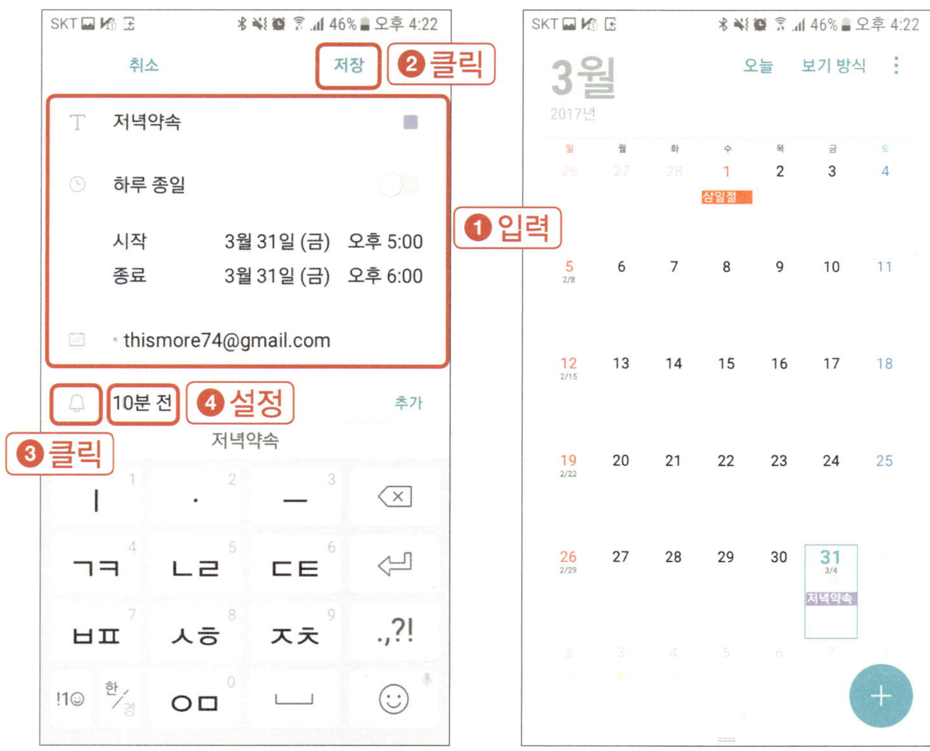

음성녹음 앱을 이용하여 음성을 녹음하는 방법에 대하여 알아봅니다.

1 홈 화면의 [앱스 ⋮⋮⋮]를 누른 후 **[음성 녹음 ⊙] 앱을 실행**하고 [음석 녹음] 페이지에서 **[녹음 ●]
버튼**을 누릅니다.

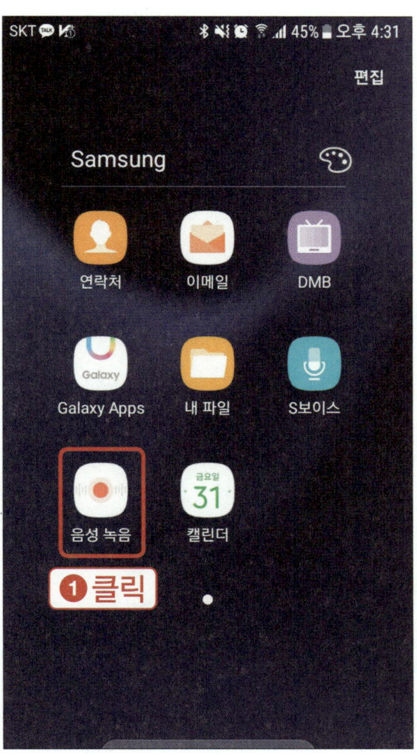

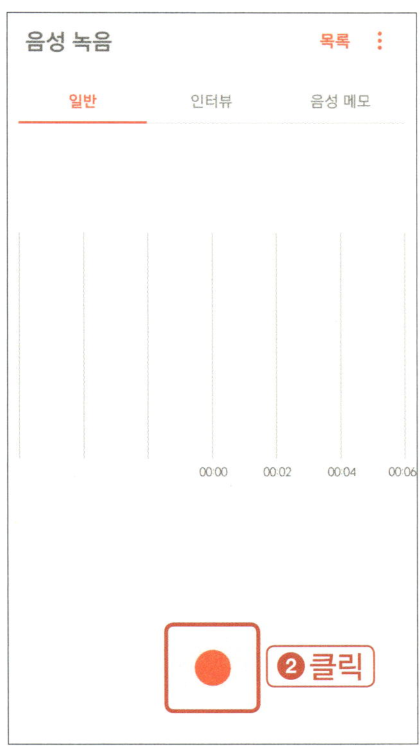

2 녹음을 진행하고 녹음을 마칠 때는 **[중지 ■] 버튼을 눌러 녹음을 중지**하며 '녹음 파일 저장'에 이
름을 입력한 후 **[저장] 버튼**을 눌러 저장합니다.

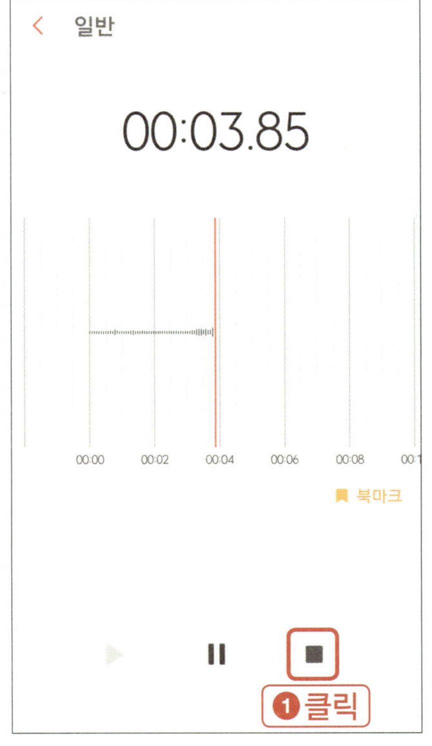

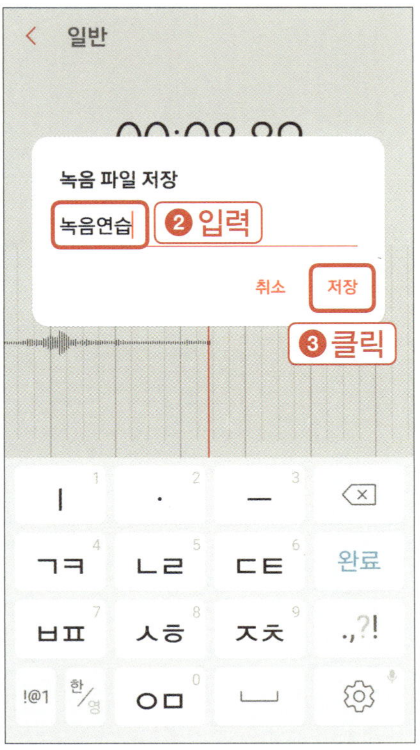

❸ 녹음 파일을 재생하기 위해서는 **[목록]을 누른 다음 [목록] 페이지에서 녹음된 파일을 선택**하여 재생합니다.

1 알람기능을 이용하여 월, 수, 금 오전 7시에 알람이 울리도록 지정하여 보세요.

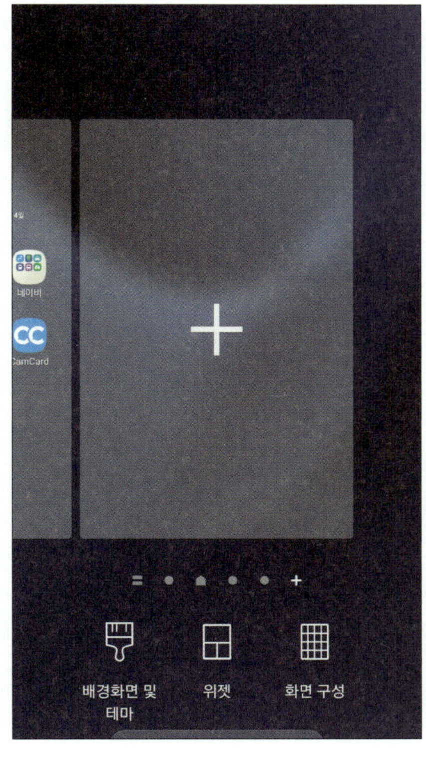

> **Hint!** 앱스 [ ]에서 [시계 [ ]] 앱을 실행한 후
> 시간을 지정하고 요일을 지정한 후 [저장]

2 캘린더에 지인의 생일을 입력하고 해당 일자에 알람이 울리도록 지정하여 보세요.

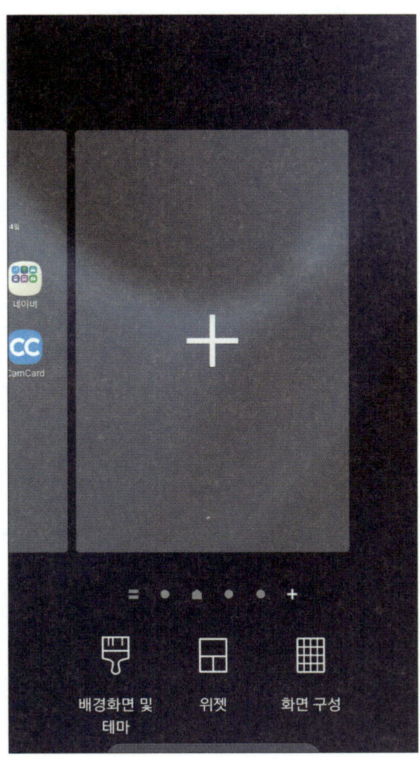

> **Hint!** [앱스 [ ]]를 누른 후 [캘린더 [31]] 앱을 실
> 행-해당 날짜를 지정하고 내용을 입력한
> 후 반복을 매년으로 지정

06장 구글 계정등록 및 앱 설치하기

신규로 구글 계정을 생성한 후 플레이스토어를 이용하여 네이버 앱을 설치하고 활용하는 방법에 대하여 알아봅니다.

미리보기

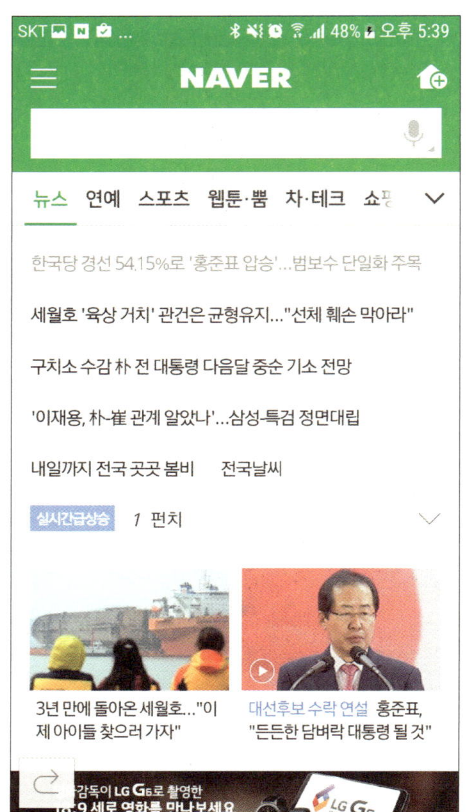

체크포인트

실습1 신규 구글 계정을 만드는 방법에 대하여 알아봅니다.

실습2 플레이스토어를 이용하여 네이버 앱을 설치하는 방법에 대하여 알아봅니다.

실습3 네이버 앱을 이용하여 메일을 보내는 방법에 대하여 알아봅니다.

신규 구글 계정 만들기

요일별로 알람을 설정하는 방법과 세계시간을 설정하는 방법에 대하여 알아봅니다.

1 홈 화면에서 [앱스 ⊞]–[설정 ⚙]을 눌러 [설정] 페이지로 이동한 후 [클라우드 및 계정] 메뉴를 누릅니다.

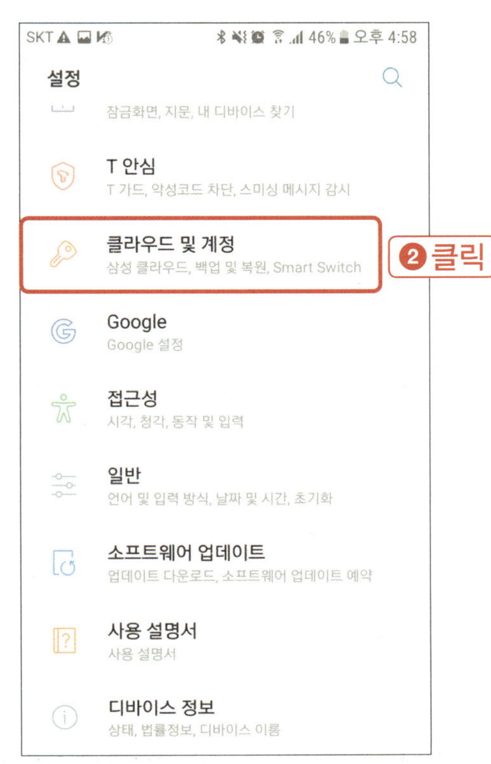

2 [클라우드 및 계정] 페이지에서 [계정] 메뉴를 누르고, **[계정] 페이지에서 [계정 추가] 버튼**을 누릅니다.

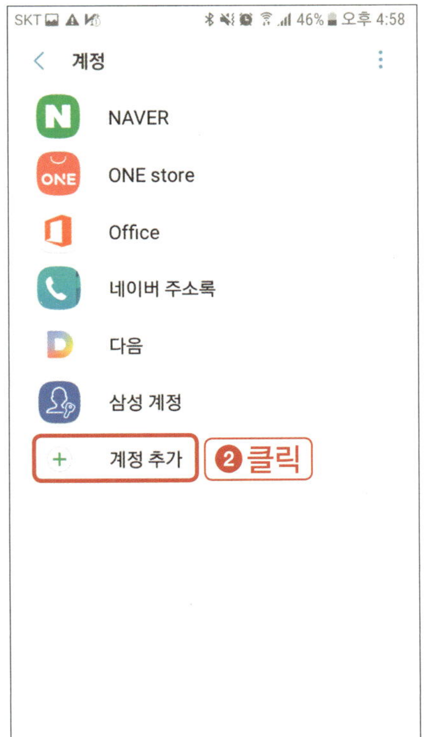

❸ [계정 추가] 페이지에서 [Google]을 누른 후 **구글 계정 추가에서 [또는 새 계정 만들기]를 누릅
니다.**

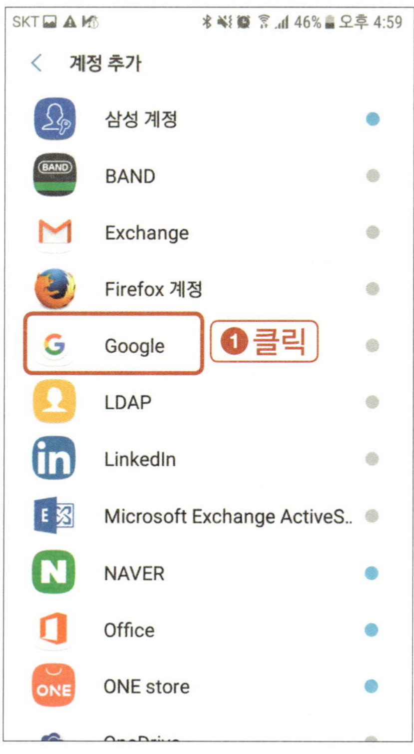

❹ [Google 계정 만들기] 페이지에서 **성과 이름을 입력하고 [다음] 버튼**을 누릅니다. [기본 정보] 페이
지에서 **생일과 성별을 입력한 후 [다음] 버튼**을 누릅니다.

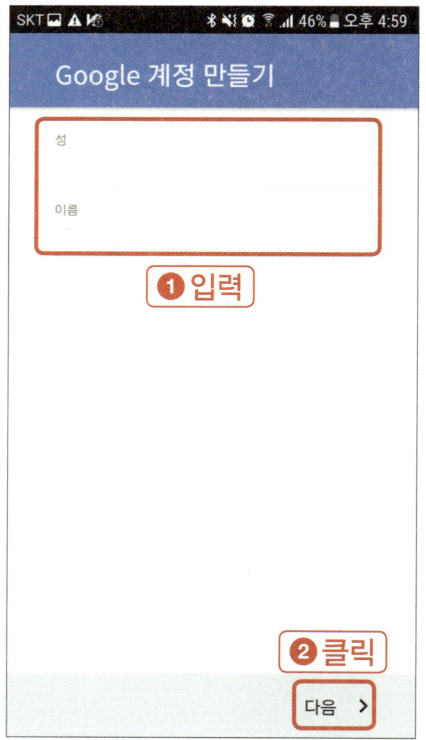

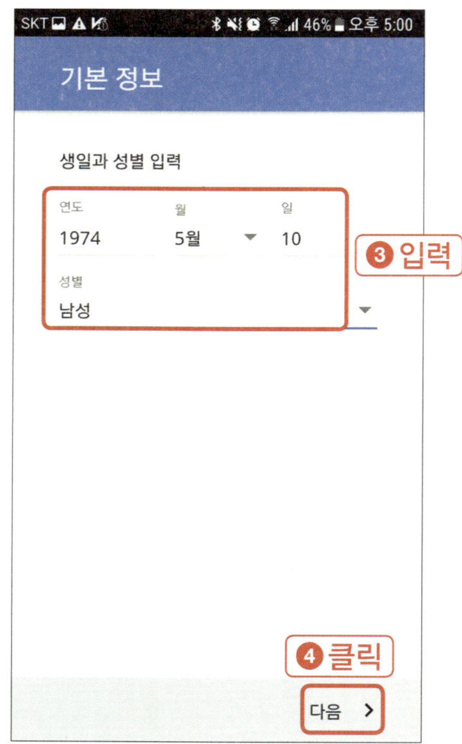

5 [로그인 방법] 페이지에서 **로그인할 아이디를 입력하고 [다음] 버튼**을 누릅니다. [비밀번호 생성] 페이지에서 **비밀 번호를 입력한 후 [다음] 버튼**을 누릅니다.

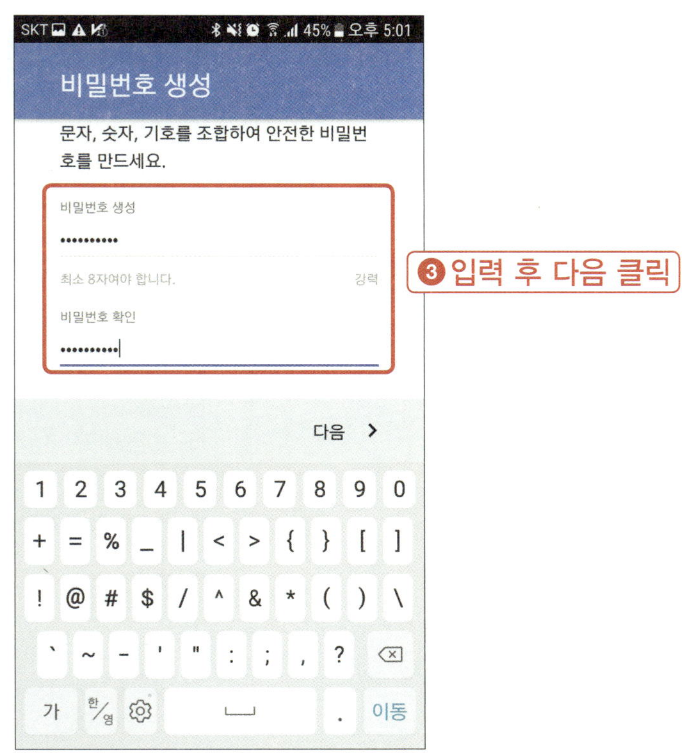

6 [전화번호 추가] 페이지에서 **전화번호를 확인하고 [다음] 버튼**을 누른 후 SMS 보내는 **메시지 상자에서 [확인] 버튼**을 누릅니다.

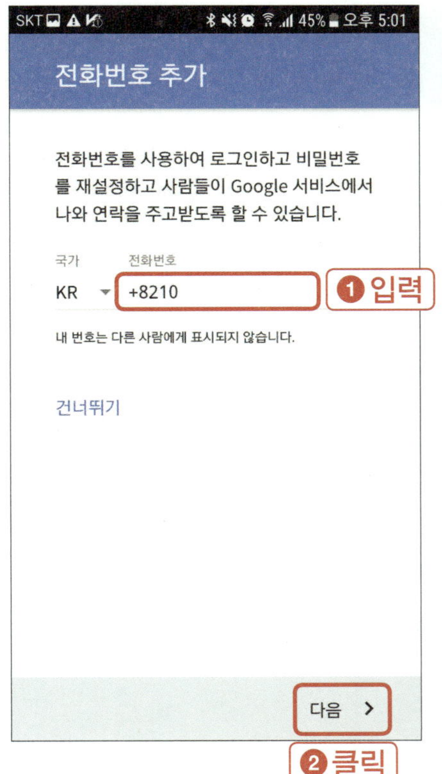

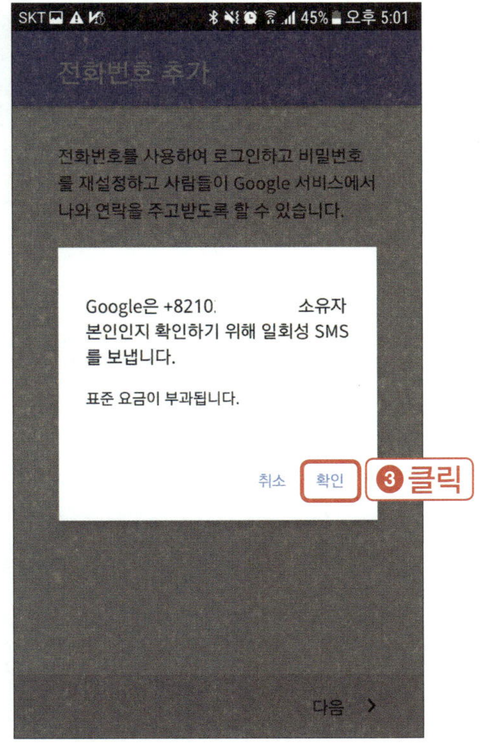

7 인증코드 **페이지에서 아래쪽에 [동의] 버튼**을 누릅니다.

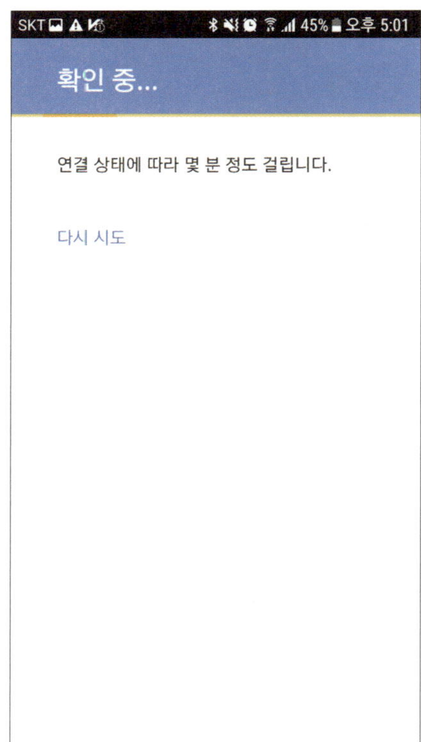

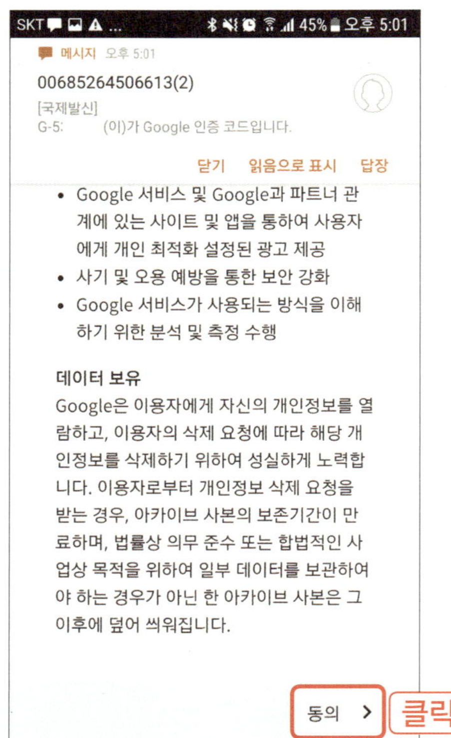

8 [내 Google 계정] 페이지에서 **이메일과 비밀번호를 입력하고 [다음] 버튼**을 누른 후 **[Google 서비스] 페이지에서 [다음] 버튼**을 누릅니다.

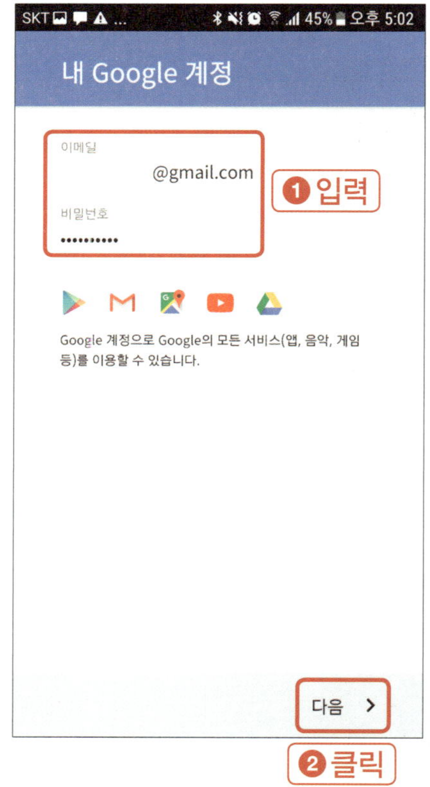

❾ 다음과 같이 Google 계정이 추가되며, **구글 계정이 추가가 되어 있어야 구글 플레이의 사용이 가능**합니다.

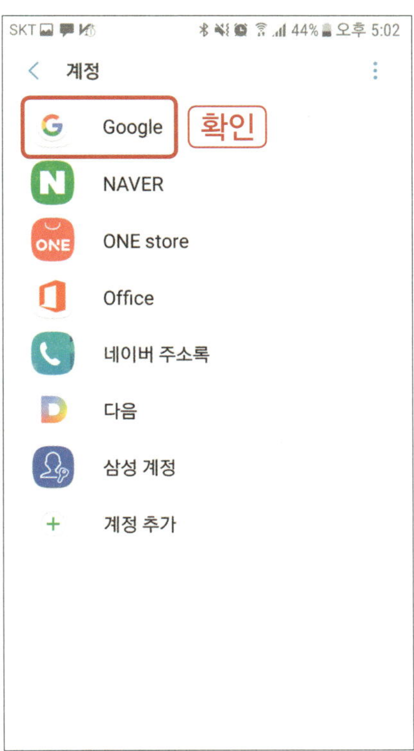

실습2 네이버 앱 회원가입하고 활용하기

Play 스토어를 이용하여 네이버 앱을 설치하고 회원가입하는 방법을 알아봅니다.

❶ 홈 화면의 [앱스] 를 누른 후 [Play 스토어] 앱을 **실행**합니다.

❷ 상단의 입력란에 『네이버』를 입력하여 [네이버–NAVER]를 누르고, 네이버 설치 화면에 [설치] 버튼
을 누릅니다.

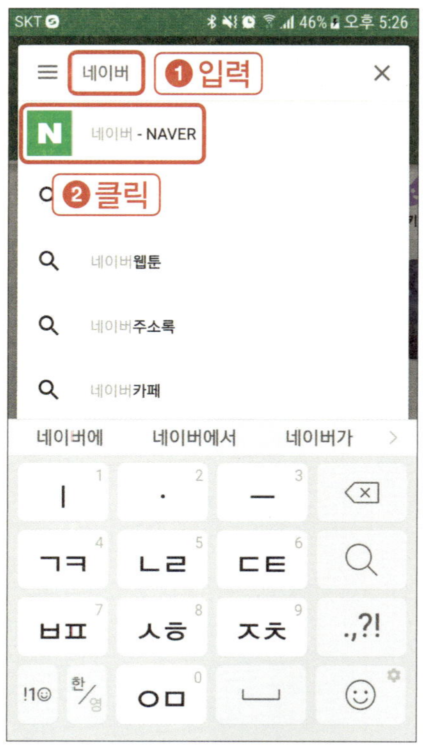

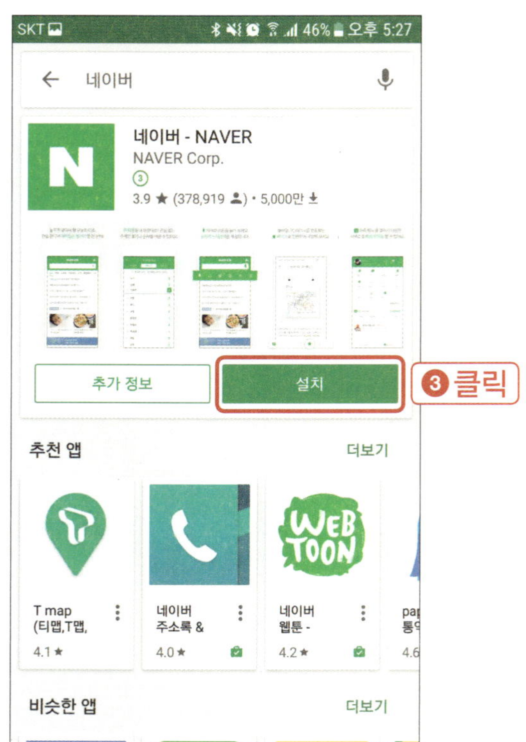

❸ 설치가 진행되고 완료되면 홈 화면에 [네이버 N] 바로가기 아이콘이 추가됩니다.

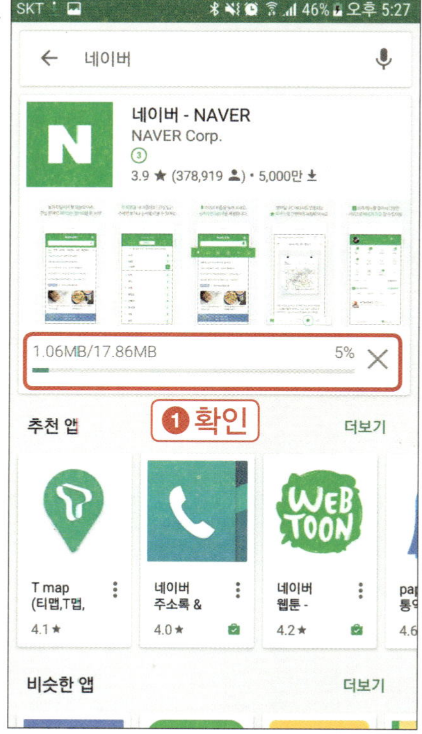

④ 네이버에 회원 가입을 하기 위해 네이버 앱을 실행한 후 왼쪽에 [더보기 ☰] 버튼을 누르고 [로그
인하세요]를 누릅니다.

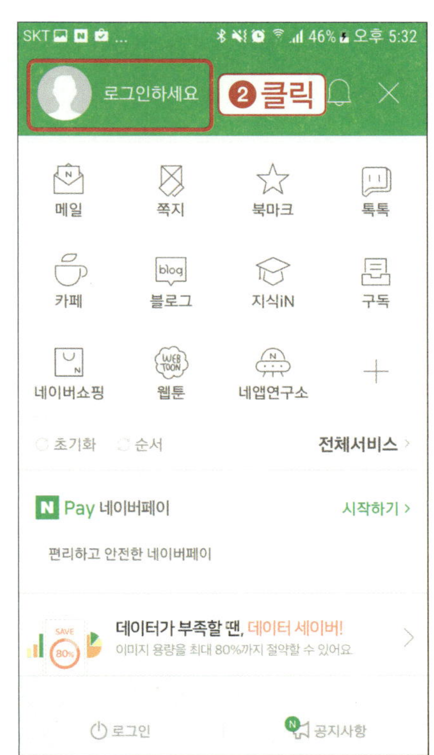

⑤ 회원 가입을 하기 위해 아래쪽에 [회원가입]을 누른 후 이용 약관 등을 모두 체크한 후 [동의] 버튼
을 누릅니다.

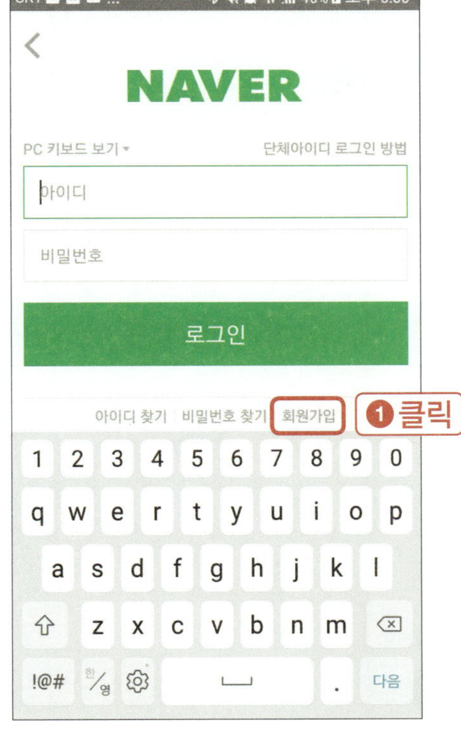

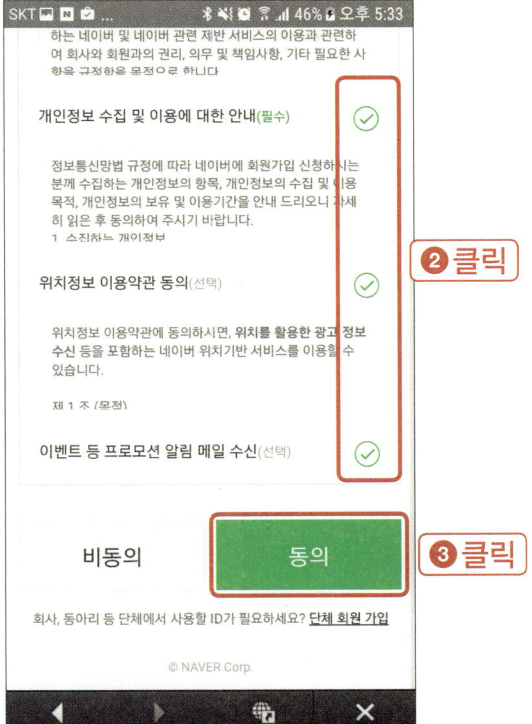

6 아이디, 비밀번호, 이름, 성별, 생년월일 등을 입력하고, 아래쪽에 휴대전화번호를 입력한 후 [인증]을 누른 후 인증번호를 받아 인증번호에 입력하고 [확인] 버튼을 누릅니다. 그리고 [가입하기] 버튼을 눌러 가입을 완료합니다.

7 네이버 앱 글자를 키우기 위해 네이버를 실행한 후 메인화면 오른쪽 상단의 **집 모양 아이콘( )**을 누르고 [네이버 홈 설정] 페이지에서 [글자·커버]를 누릅니다.

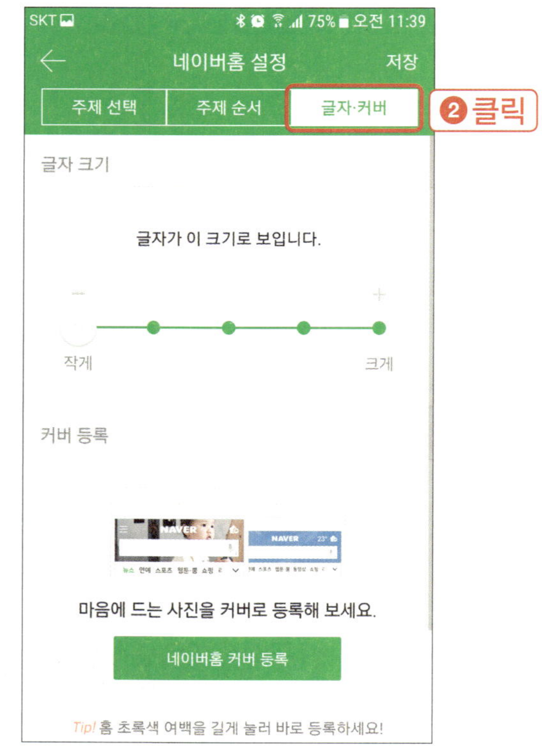

❽ [글자 크기] 조절을 [크게]쪽으로 **지정한 후 [저장]을 선택**하면 네이버 앱의 글자가 크게 지정됩니다.

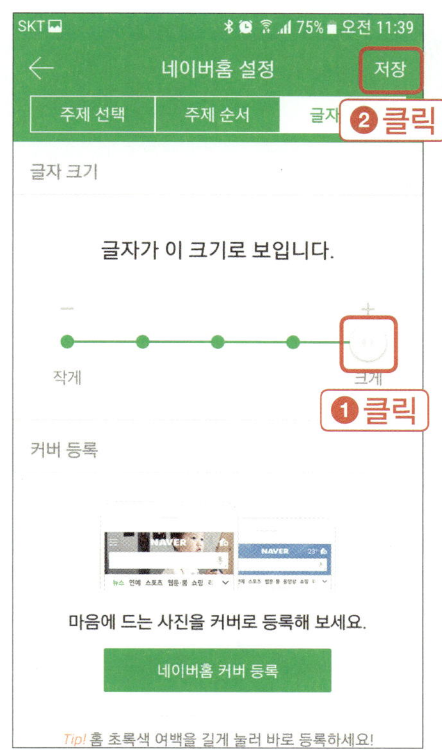

❾ 스마트폰으로 기사, 블로그 등을 보다가 유익한 내용이 있으면 보관하고 싶을 때 공유하기 기능을 사용하여 메모로 보내서 관리할 수 있습니다. 네이버 앱에서 **마음에 드는 기사를 검색**하고 기사 하단에 [공유하기 ☑] 버튼을 누르면 공유할 수 있는 여러 가지 서비스들이 나타나고 [메모] 아이콘을 선택하면 메모가 저장 완료됩니다.

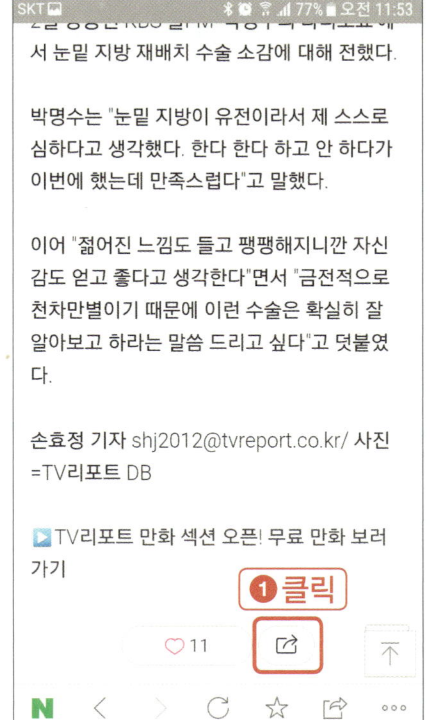

❿ **[메모확인] 버튼을 누르면 메모 홈으로 이동**하며 저장된 내용을 확인할 수 있습니다. **[메모앱 설치]를 선택**하여 메모 앱을 설치하면 나중에 메모만 따로 관리할 수 있습니다.

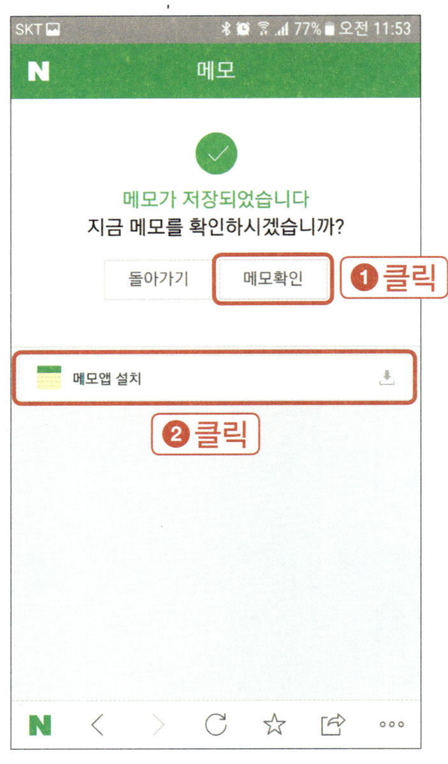

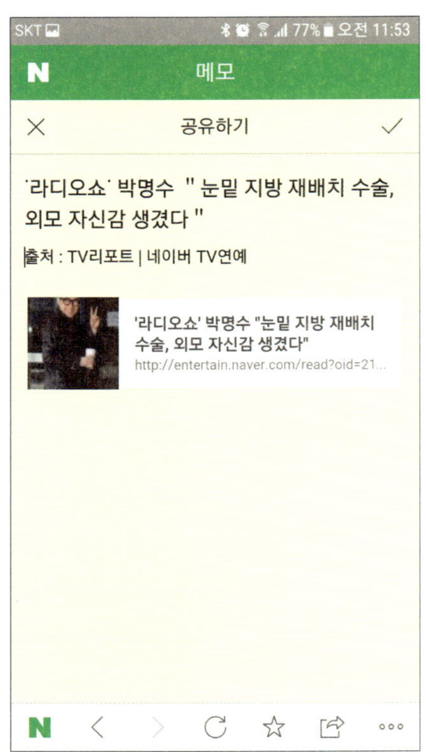

TIP **스마트폰에 저장된 메모를 컴퓨터에서 확인하는 방법**

스마트폰에서 저장된 메모는 컴퓨터에서 **네이버에 접속하고 메일에 들어간 후 상단에 [메모 ▤] 아이콘을 누르면** 메모를 확인할 수 있습니다.

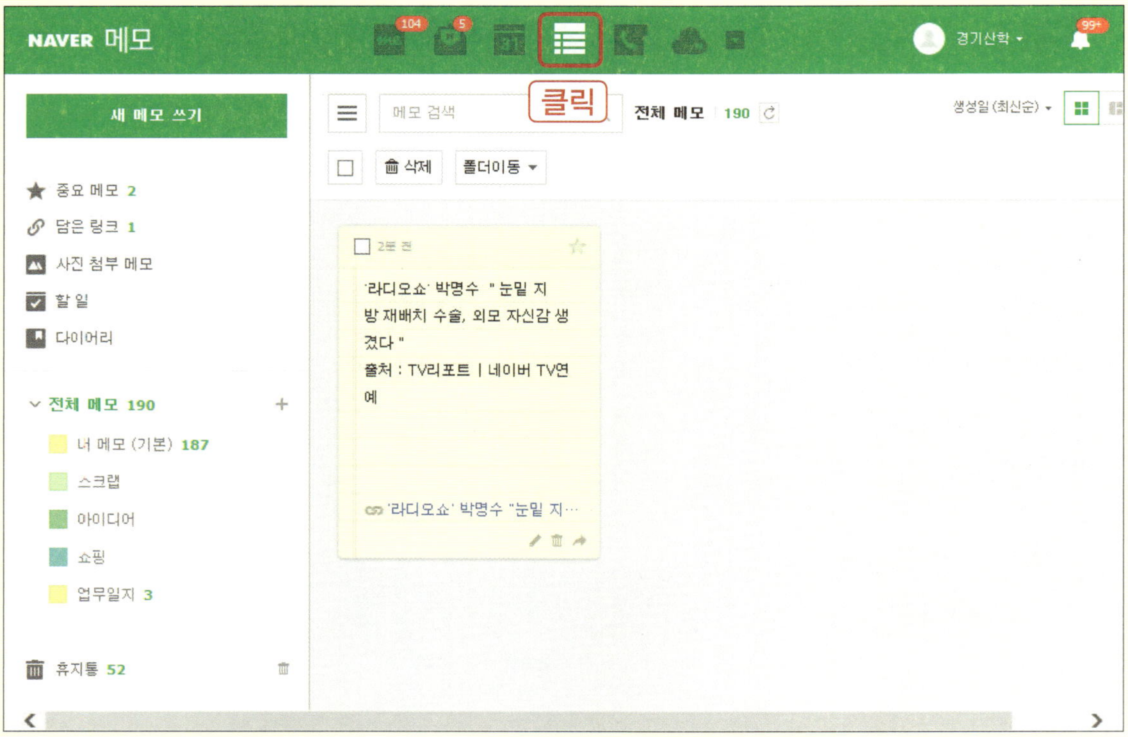

네이버 앱을 이용하여 메일을 보내는 방법에 대하여 알아봅니다.

1 스마트폰으로 네이버 앱에서 메일을 확인하거나 카메라로 찍은 파일을 첨부하여 보낼 수 있습니다. 네이버 앱에서 **왼쪽 상단의 [메뉴 ≡] 아이콘을 누르고 로그인된 화면에서 [메일]을 누릅니다.**

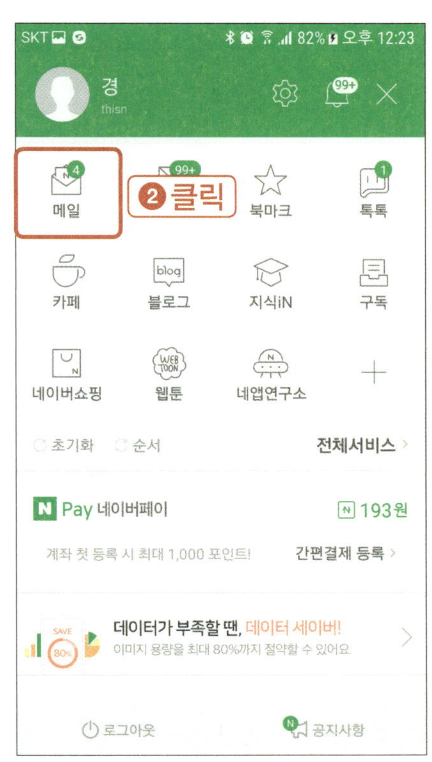

2 [메일] 페이지에서 **하단의 [쓰기 ✎] 버튼을 누른 후 '받는 사람', '이메일 주소', '제목', '내용'을 각각 입력**합니다.

❸ 파일을 첨부하기 위해 [첨부 ✎] 아이콘을 누르고 하단의 [카메라 ●] 아이콘을 눌러 카메라로 사진을 찍으면 사진이 자동으로 첨부되며, [보내기 ➤] 아이콘을 누르면 메일이 발송됩니다.

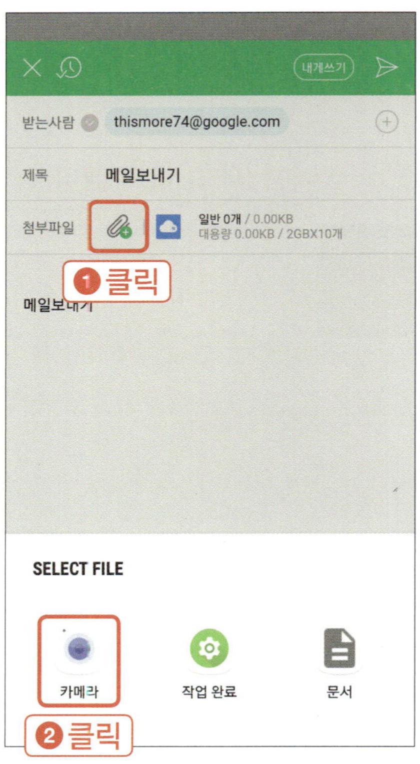

❹ [메일목록] 버튼을 누르고 **오른쪽 상단의 [메뉴 ☰] 아이콘을 선택한 후 [보낸메일함]을 누릅니다.**

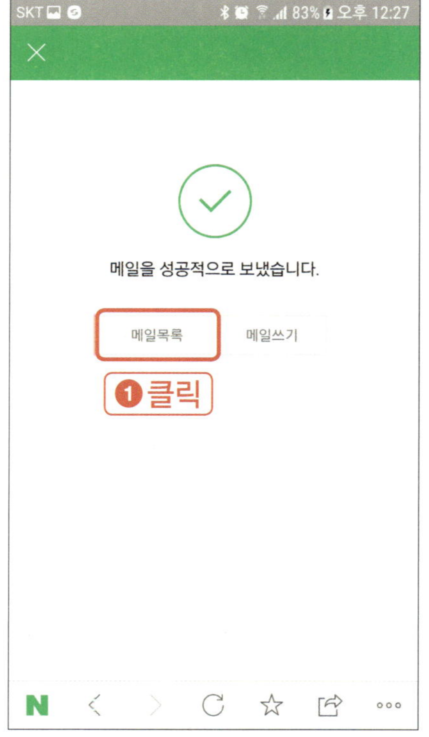

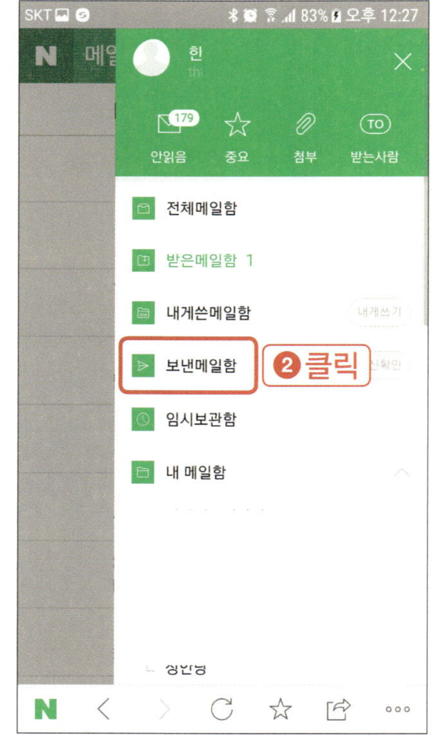

⑤ [메일] 페이지에서 **[보낸메일함]**에 보낸 메일을 선택하면 보낸 메일을 다시 **확인**할 수 있습니다.

1 네이버에서 기사를 검색하고 검색된 기사를 네이버 메모에 저장해 보세요.

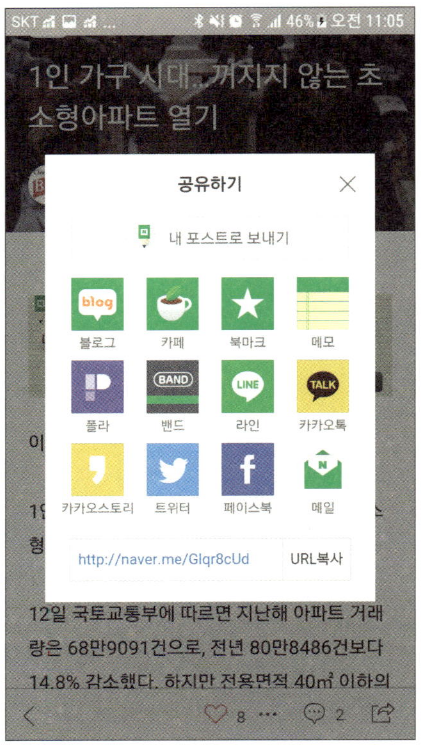

Hint! 네이버 앱에서 기사를 검색하고 하단의
[공유하기   ]-[메모]를 선택하여 저장

2 네이버 메일을 이용하여 지인에게 메일을 보내보세요.

Hint! 네이버 앱의 [메뉴   ]-[메일]-[쓰기   ]
버튼을 누른 후 받을 사람과 내용을 입력하
고 [보내기] 버튼을 누름

07장

스마트폰 활용 앱(카카오톡)

카카오 톡을 설치하고 앱을 이용하여 메시지를 주고받는 방법과 카카오 스토리를 이용하여 글을 올리는 방법에 대하여 알아봅니다.

미리보기

체크포인트

실습1 카카오톡 앱 설치 및 인증 받는 방법에 대하여 알아봅니다.
실습2 카타오톡 앱을 이용하여 메시지를 주고받는 방법에 대하여 알아봅니다.
실습3 카카오스토리 앱을 설치하는 방법에 대하여 알아봅니다.
실습4 카카오스토리 앱을 이용하여 글을 올리는 방법에 대하여 알아봅니다.

 카카오톡 앱 설치 및 인증받기

카카오톡 앱을 설치하고 인증 받는 방법에 대하여 알아봅니다.

1 홈 화면의 [앱스 ▦]를 누른 후 **[Play 스토어 ▶]앱을 실행하고 검색 창에 '카카오톡'을 입력**합니다.

2 **[설치] 버튼을 눌러 설치**한 후 [카카오톡 이용 안내] 페이지에서 **[허용하기] 버튼을 누릅니다.**

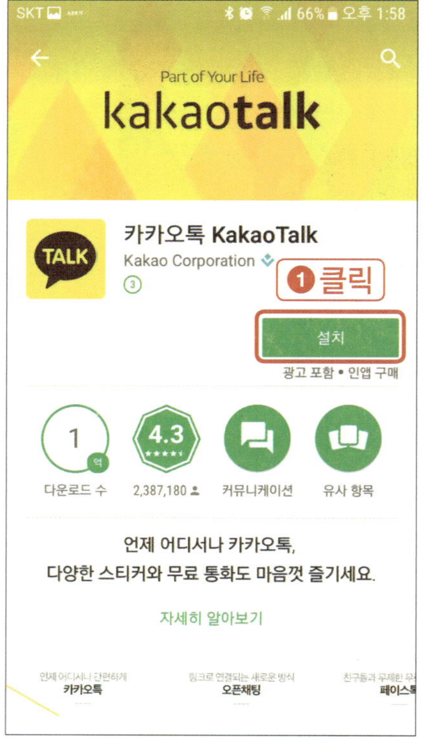

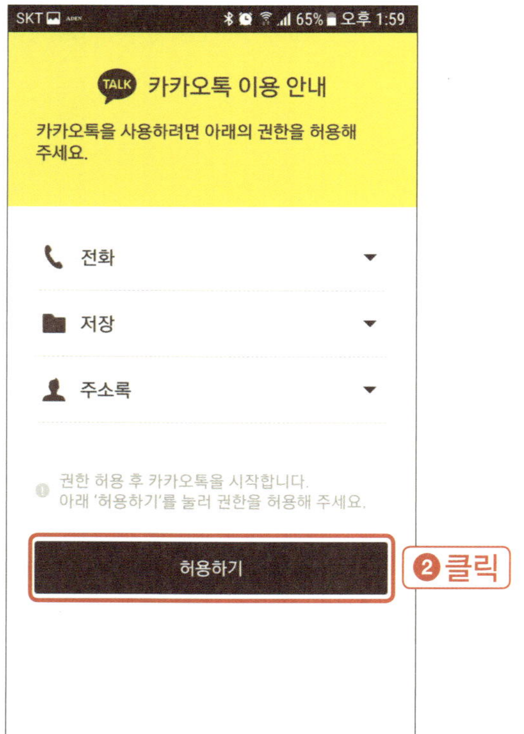

3 전화통화, 파일접근, 주소록 허용하기 **메시지가 나타나면 모두 허용하기**를 합니다.

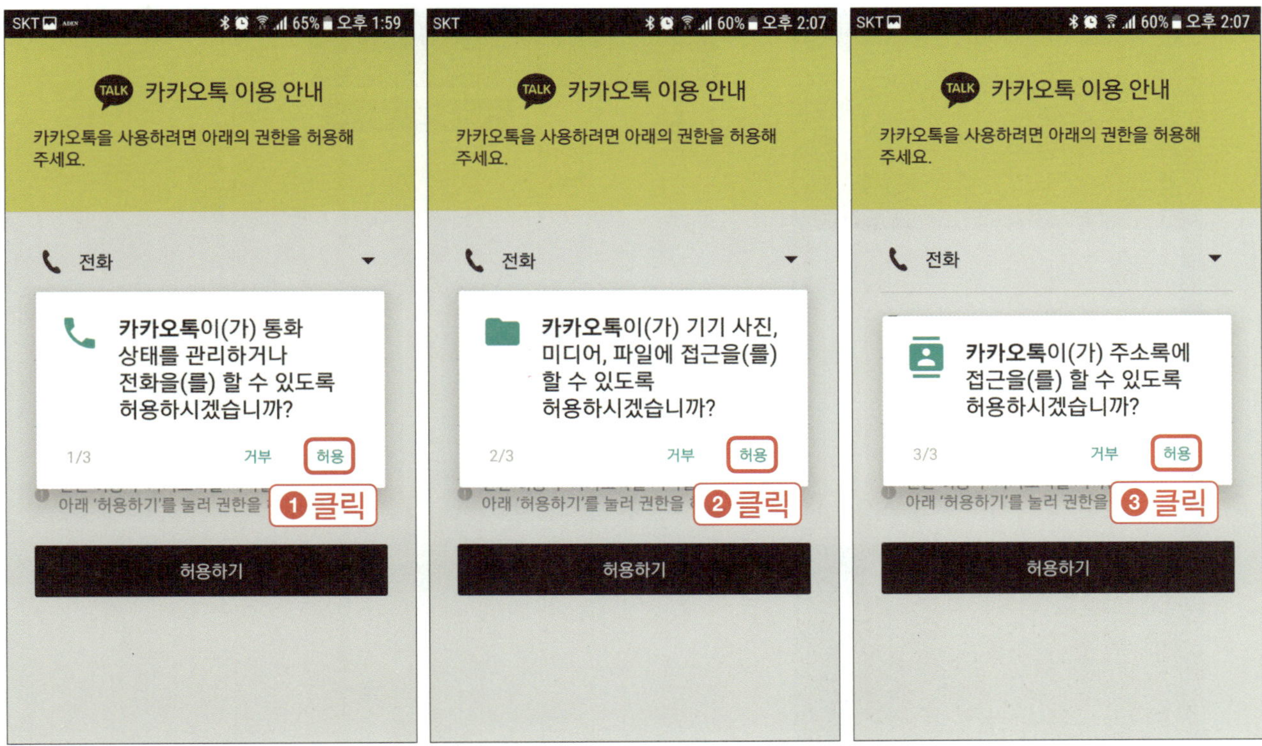

4 본인 **휴대전화번호를 입력한 후 [다음] 버튼**을 누른 다음 문자메시지 **허용 대화상자에서 [허용]**을 누릅니다.

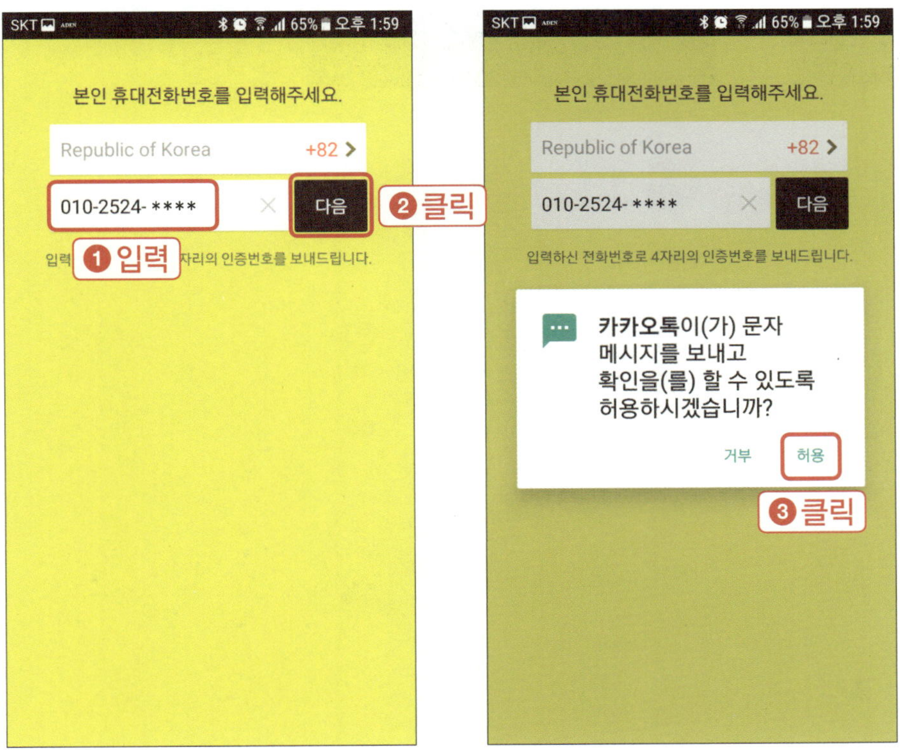

5 전화번호 **인증을 한 다음 [확인] 버튼을 눌러 설치를 완료**합니다.

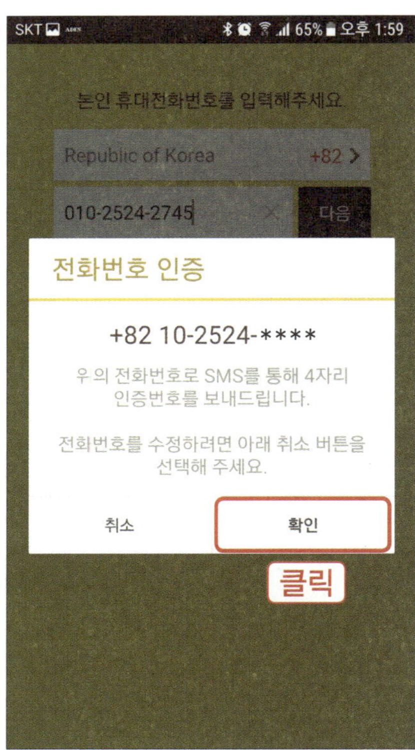

6 주소록의 친구를 불러오기 위해 **[더보기 ____]를 누르고 [더보기] 페이지 오른쪽에 있는 [설정 ⚙]** **버튼**을 누릅니다.

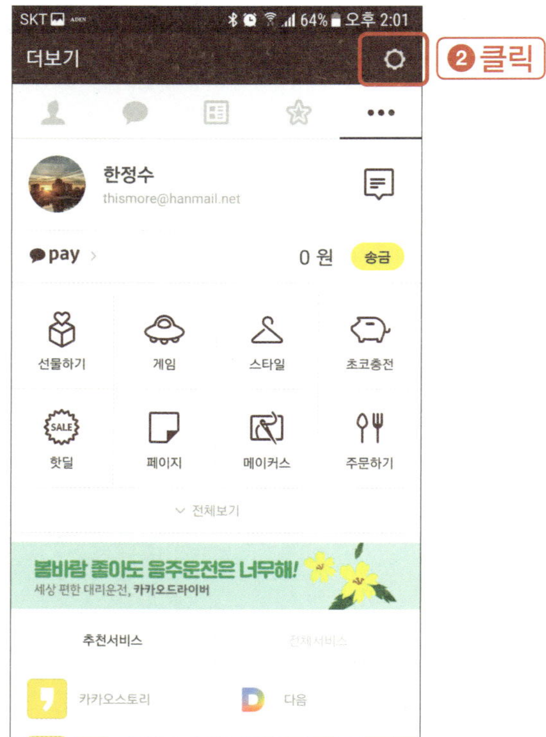

❼ [설정] 페이지에서 [친구]를 누르고 [자동 친구 추가]를 [ON 🟡]으로 설정합니다.

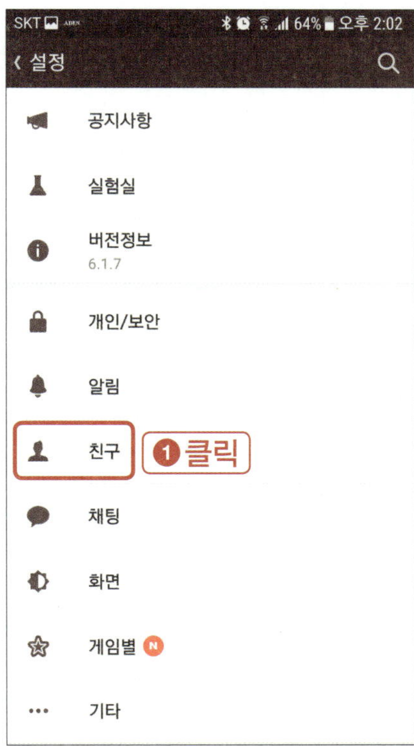

❽ [친구] 아이콘을 누르면 내 주소록에서 카카오톡을 사용하는 친구들이 자동으로 친구목록에 추가가 됩니다.

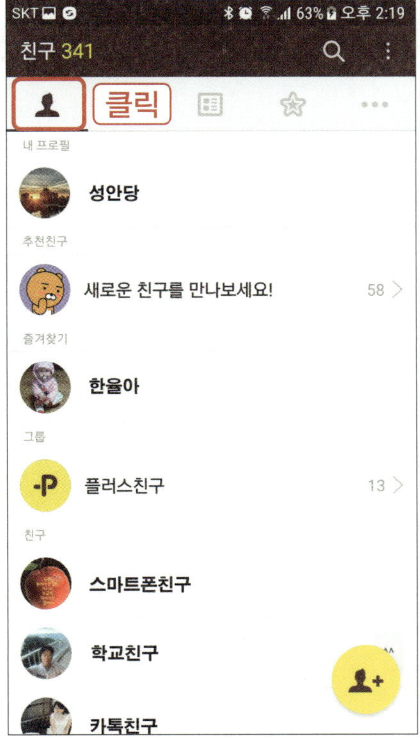

카카오톡을 이용하여 문자, 이모티콘, 사진 등을 전송하는 방법을 배워보고
무료로 영상통화하는 방법과 프로필 관리하는 방법을 알아봅니다.

1 카카오톡 기능 설명

❶ **친구 목록** : 스마트폰에 저장된 전화번호들 중에서 **카카오톡(kakao Talk)을 이용하는 사용자의 목록**을 보여주고, 친구 찾기를 이용하여 친구를 추가한 경우에도 목록에 나타납니다.

❷ **채팅** : **메시지**를 주고받는 페이지입니다.

❸ **채널 탭** : **관심사 및 콘텐츠를 검색**하여 정보를 얻을 수 있는 페이지입니다.

❹ **게임 별** : 간단한 게임을 할 수 있는 페이지입니다.

❺ **더보기** : 카카오톡의 **추가적인 기능**이 있는 페이지입니다.

❻ **더보기 설정** : **알림음, 친구추가, 화면 등의 설정**을 할 수 있는 페이지입니다.

❼ **친구 추가** : 친구를 추가할 수 있는 메뉴를 나타나게 합니다.

❷ 문자를 보낼 **친구를 누르고, 화면이 전환**되면 [1:1 채팅 ●] 아이콘을 **선택**합니다.

❸ 하단의 **텍스트 입력란을 누르고 키보드가 활성화 되면 보낼 문자를 입력**합니다.

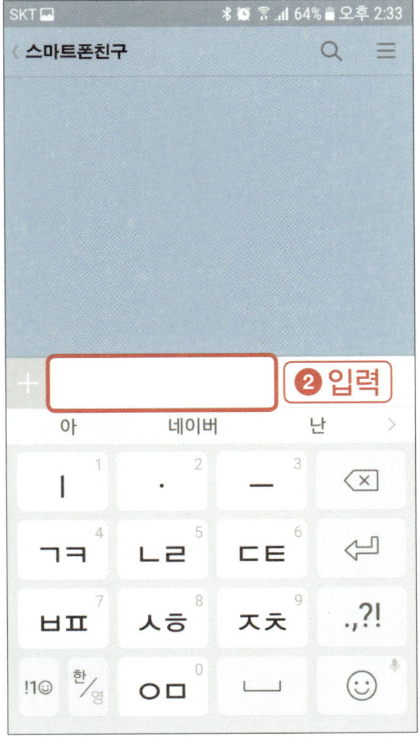

❹ [이모티콘 😊] 아이콘을 누르면 이모티콘을 선택할 수 있는 목록이 활성화 되고 원하는 **이모티콘을 선택하여 입력**한 후 **[전송] 버튼**을 누르면 문자가 전송됩니다.

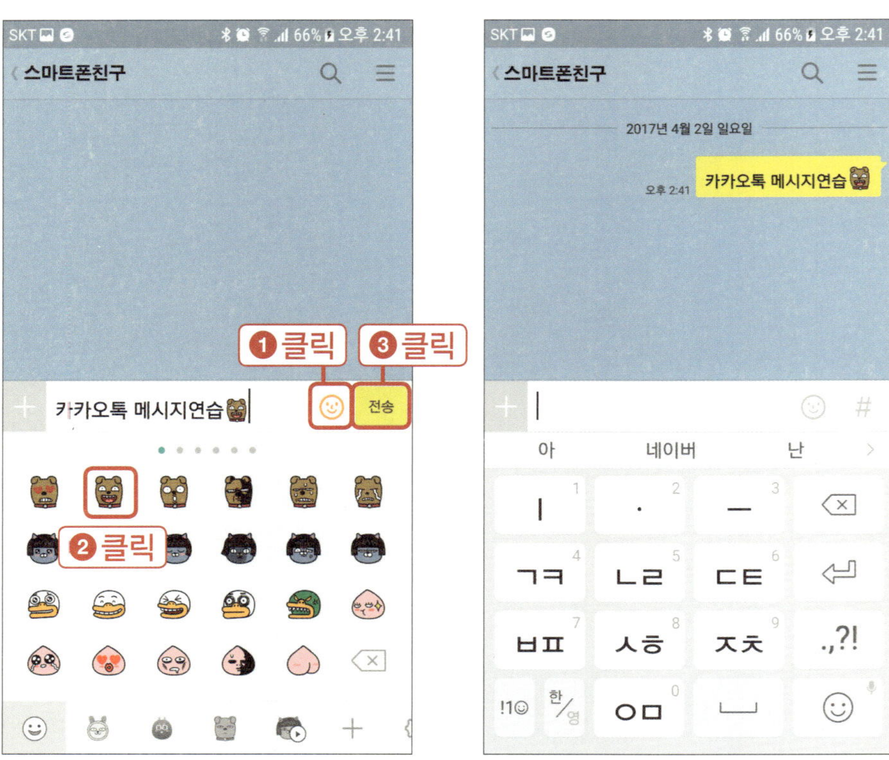

❺ 사진을 전송하기 위해 **아래쪽의 [추가 ➕] 버튼을 누르고 [사진 🖼] 아이콘을 선택**합니다.

❻ **갤러리에서 원하는 사진을 누르고 [전송] 버튼을 누르면 사진이 전송**됩니다. 위와 같은 방법으로 동영상, 카메라, 음성메시지, 지도, 파일 등을 전송할 수도 있습니다.

❼ 무료로 영상 통화를 하기 위해 **통화할 친구를 누르고, 화면이 전환되면 [무료통화 ☎] 아이콘을 선택**한 후 무료통화에서 **[페이스톡 📹] 아이콘을 누릅니다.**

⑧ 동영상 촬영과 오디오 **녹음 메시지 창이 나타나면 [허용] 버튼**을 누릅니다.

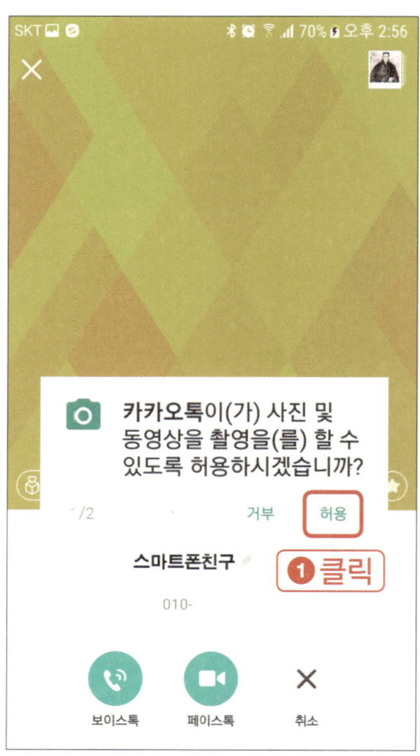

⑨ 데이터 사용 **알림 창에서 [확인] 버튼을 눌러 영상통화를 시작**합니다.(와이파이(Wi-Fi)가 연결된 상태에서는 무료이나, **3G/LTE로 연결된 상태에서는 데이터 요금이 발생**합니다.)

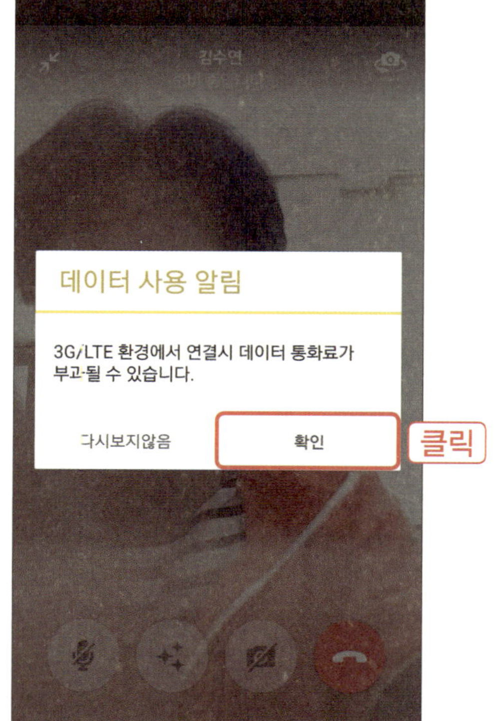

실습3 프로필관리

카카오톡 프로필의 사진과 상태메시지를 변경하는 방법에 대하여 알아봅니다.

1 카카오톡을 실행한 후 [친구] 페이지에서 '내 프로필'을 누르고 [프로필 관리 ✏] 버튼을 선택합니다.

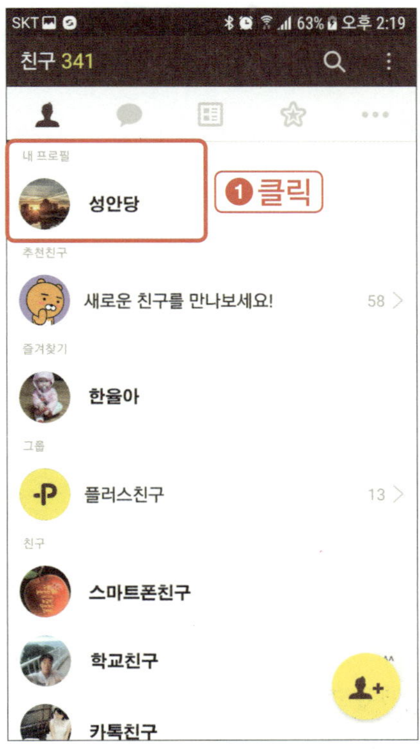

2 [프로필 관리] 페이지에서 프로필의 사진을 누르고, [프로필] 목록창에서 [앨범에서 사진 선택]을 누릅니다.

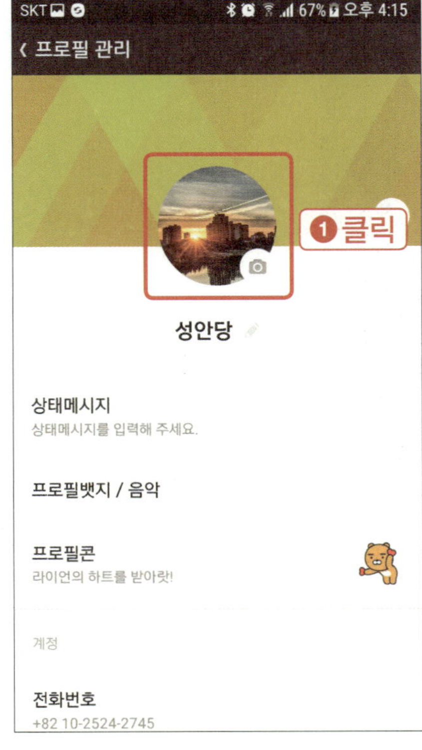

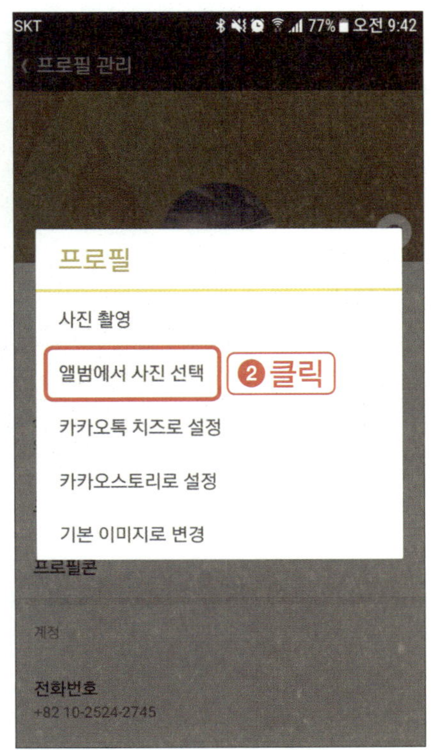

❸ [앨범] 리스트에서 원하는 **사진을 누르고 [다음 ➡] 버튼**을 누릅니다.

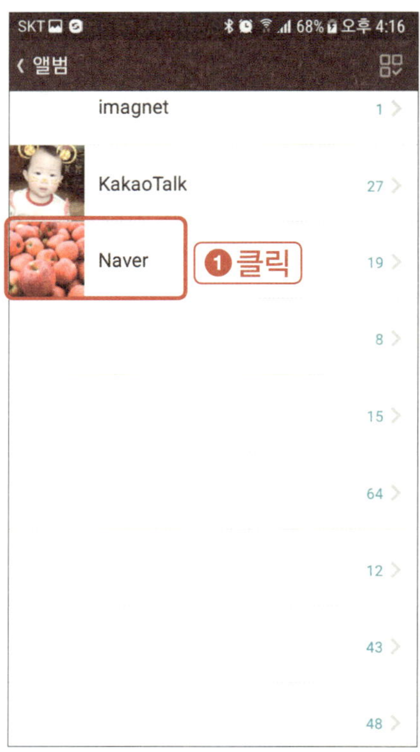

❹ 사진을 원하는 부분만 자르기 위해서 **아래쪽에서 [자르기 ⬜] 버튼**을 누르고, **사진에서 자른 부분을 조절한 후 [확인 ✔] 버튼**을 누릅니다.

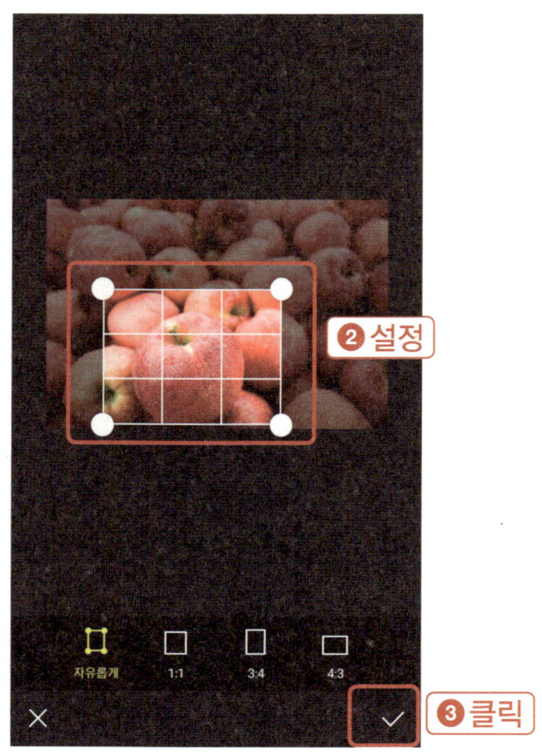

⑤ 사진 보기 페이지에서 **[확인] 버튼을 누른 후 프로필 사진이 변경되었는지 확인**하고, 상태메시지를 변경하기 위해 **[상태메시지]를 누릅니다.**

⑥ **[프로필 편집]** 페이지에서 **'상태 메시지'** 입력란에 내용을 입력한 후 **[확인]을 눌러 상태메시지가 변경**되었는지 확인합니다.

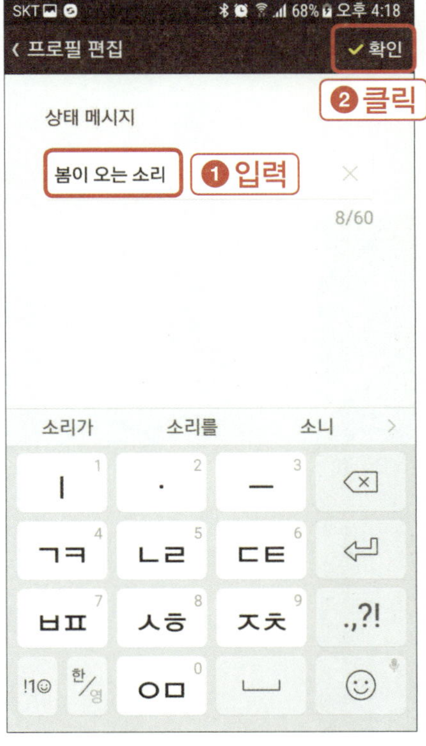

카카오스토리 설치하기

카카오톡과 연계된 소셜네트워크서비스(SNS : social network service)인
카카오 스토리를 설치하는 방법에 대하여 알아봅니다.

1 [Play 스토어 ▶]에서 **'카카오스토리'를 검색한 후 [설치] 버튼**을 누른 다음 **설치가 완료되면 [열기] 버튼**을 누릅니다.

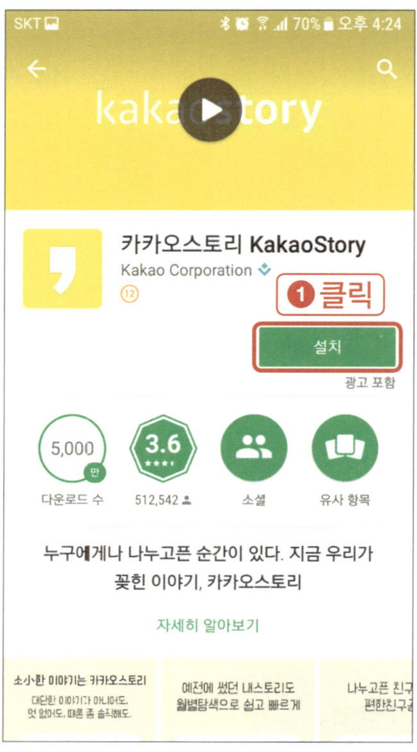

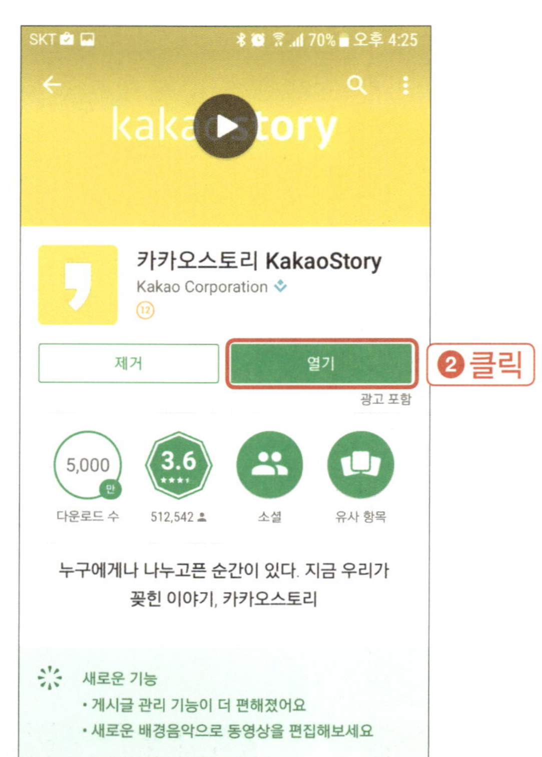

2 저장공간, 전화 등의 **권한을 허용하는 페이지가 나타나면 [허용하기] 버튼**을 누르고, 카카오스토리 시작페이지에서 **[카카오톡으로 시작하기] 버튼**을 누릅니다.

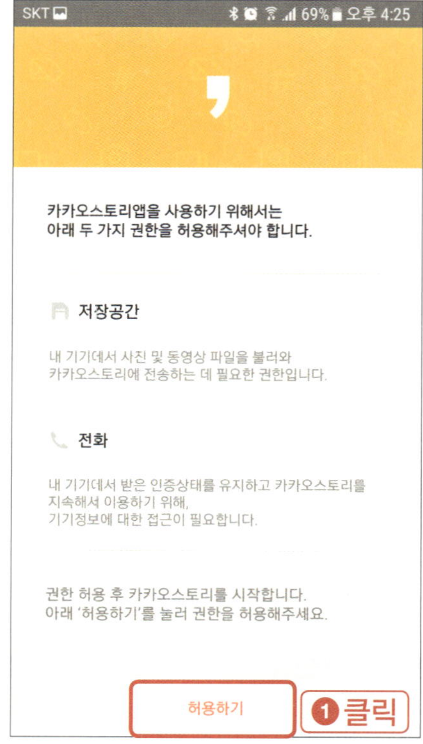

❸ [카카오계정] 페이지에서 **[동의하고 시작하기]** 버튼을 눌러 카카오스토리를 **실행**합니다.

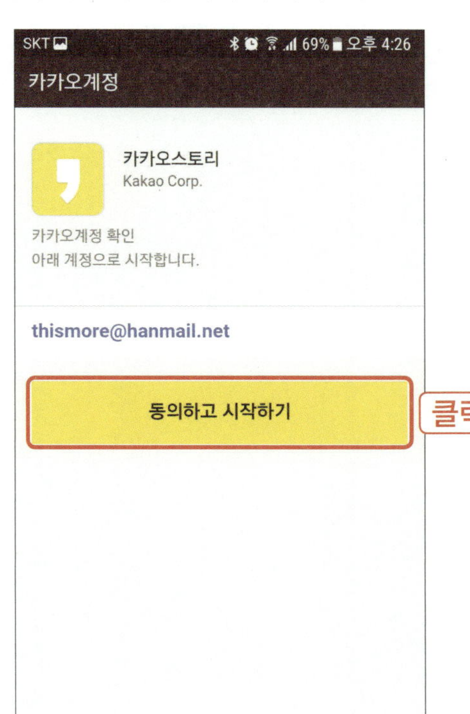

> **TIP 카카오스토리란?**
>
> 카카오스토리는 카카오톡의 친구로 등록된 상대방을 그대로 가져올 수 있으며, **사진이나 메시지 등을 공유**할 수 있습니다.

실습5 카카오스토리에 글과 사진을 편집하여 올리기

카카오스토리에 자신의 글을 올리고 사진을 편집하여 올리는 방법에 대하여 알아봅니다.

❶ 홈 화면에서 [카카오스토리]를 실행한 후 **[카카오스토리] 페이지 하단의 [글쓰기] 버튼을 누릅니다.**

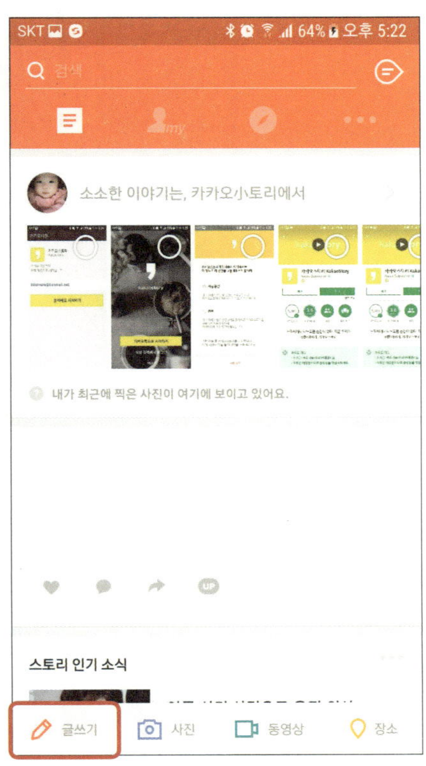

❷ 글을 쓰기 전에 공개할 대상을 선택할 수 있습니다. **[전체공개]를 누르면 목록이 나타나고 [친구공개]를 선택하면 글이 친구들에게만 공개**됩니다.

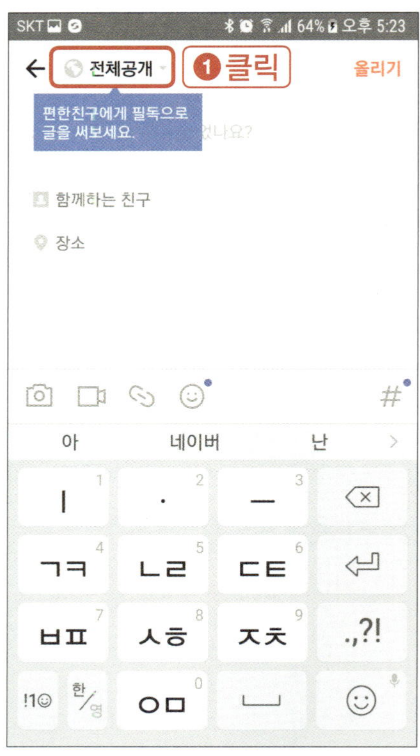

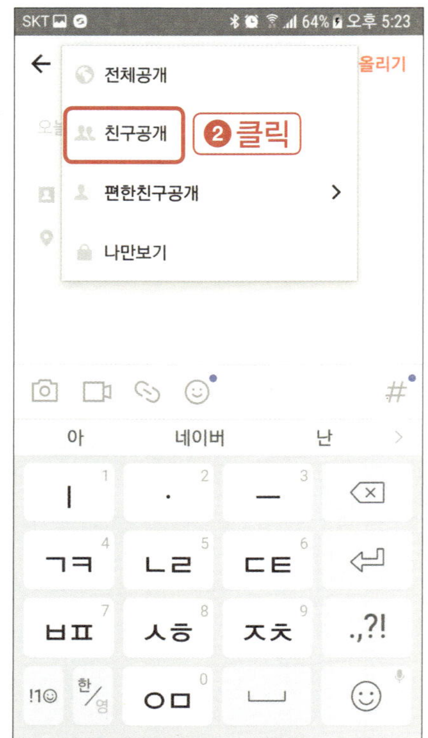

❸ **카카오스토리에 올릴 내용을 입력**한 후 마음에 드는 사진을 올리기 위해 **[카메라] 아이콘을 선택하여 갤러리를 불러옵니다.**

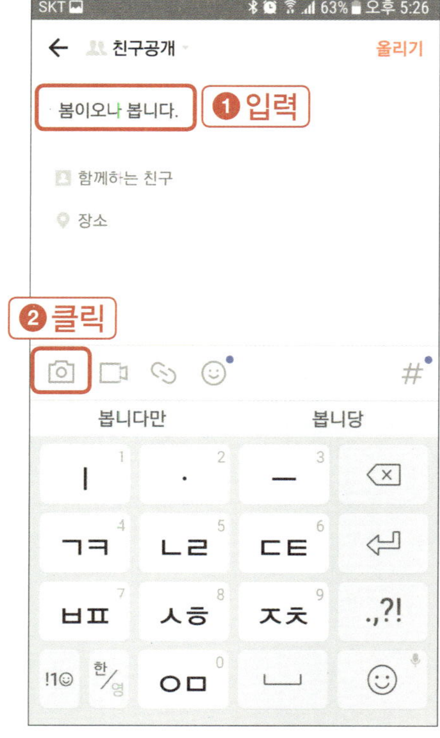

4 갤러리 페이지에서 **원하는 사진을 선택한 후 [다음] 버튼**을 누르고, **[마법봉] 아이콘을 누르고 하단에서 [D'light]를 선택**하여 조명효과를 지정합니다.

5 **[자르기] 버튼을 누른 후 하단에서 [1:1]을 누르고 [확인] 버튼**을 누릅니다. 상단 메뉴를 이용하여 사진을 자르거나 회전을 시킬 수 있으며, 아래 옵션은 클릭 한 번으로 사진에 다양한 특수 효과를 줄 수 있습니다.

6 다음과 같이 **글과 편집한 사진이 추가되면 [올리기] 버튼**을 눌러 카카오스토리에 글을 올려봅니다.

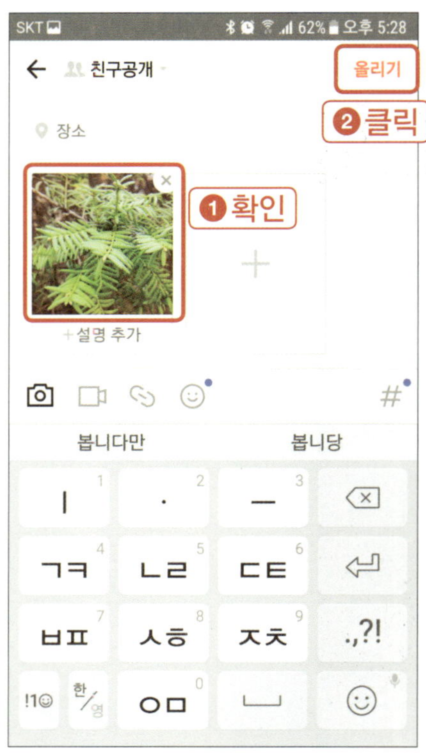

카카오스토리 글을 공유하기

하단에 [공유] 버튼을 클릭한 후 공유 목록이 나타나면 **내 스토리, 카카오톡, URL복사 등을 선택**하여 공유할 수 있습니다.

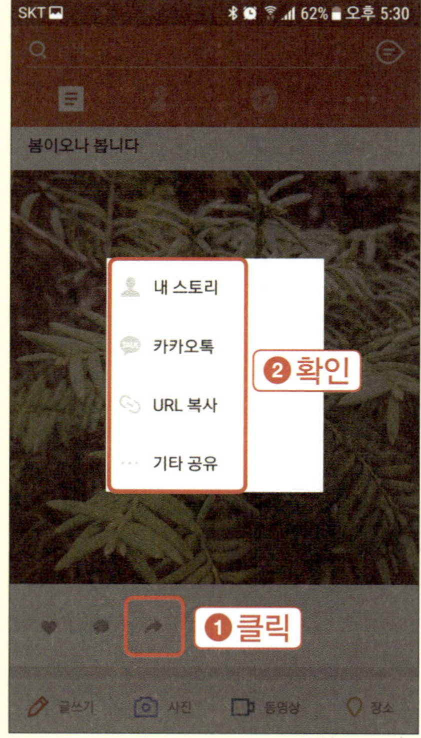

카카오스토리 친구 검색과 추가, 삭제하는 방법

카카오스토리에서 친구를 찾아 추가하거나 추가한 친구를 삭제하는 방법에 대해 알아보겠습니다.

1 친구를 추가하기 위해서 카카오스토리 **상단 탭의 [나침반 ] 아이콘을 누르고 [내 친구] 아이콘을 누릅니다.**

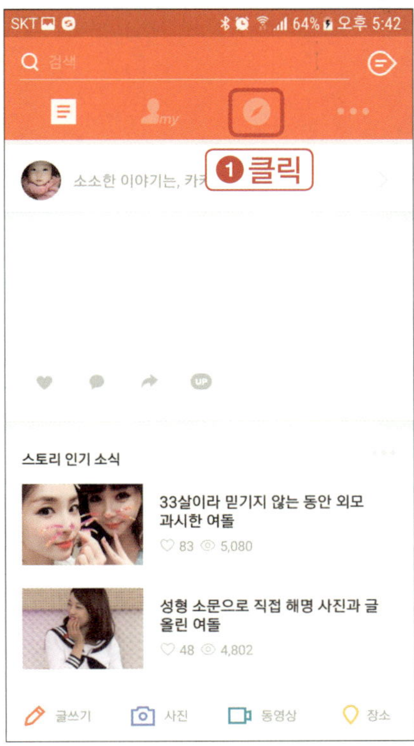

2 [친구/소식받는] 페이지에서 **친구 이름을 선택하면 친구의 카카오 스토리로 이동**하여 확인할 수 있습니다.

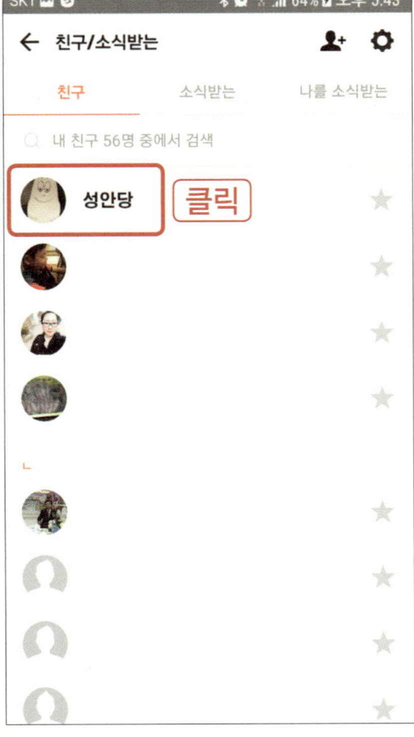

❸ 스마트폰의 뒤로 돌아오기 버튼을 눌러 다시 원위치로 돌아오면 **오른쪽 상단에 사람모양의 [추가 👤+] 버튼을 선택**한 후 [추천 친구] 페이지에서 **친구를 신청하고 싶은 친구를 찾아서 [친구 신청] 버튼**을 누릅니다.

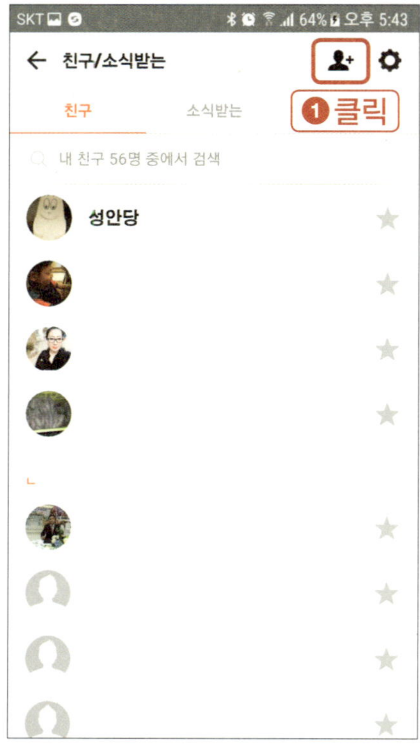

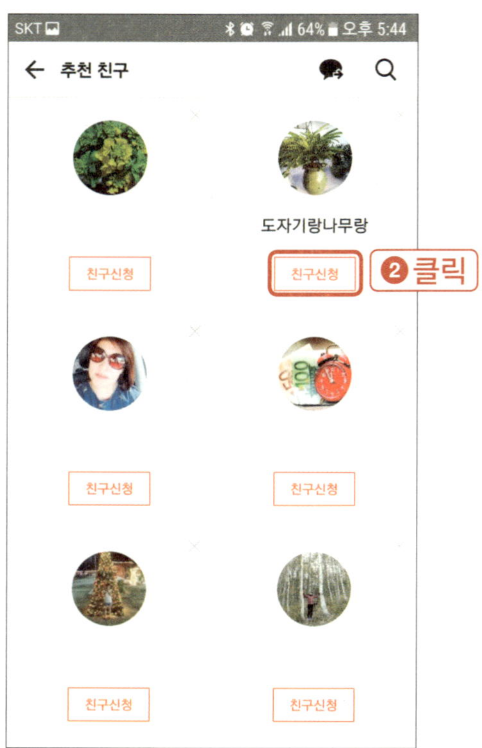

❹ 친구신청을 보냈다는 메시지가 나타나며 **신청을 받은 친구가 수락을 하여야 친구신청이 완료**됩니다.

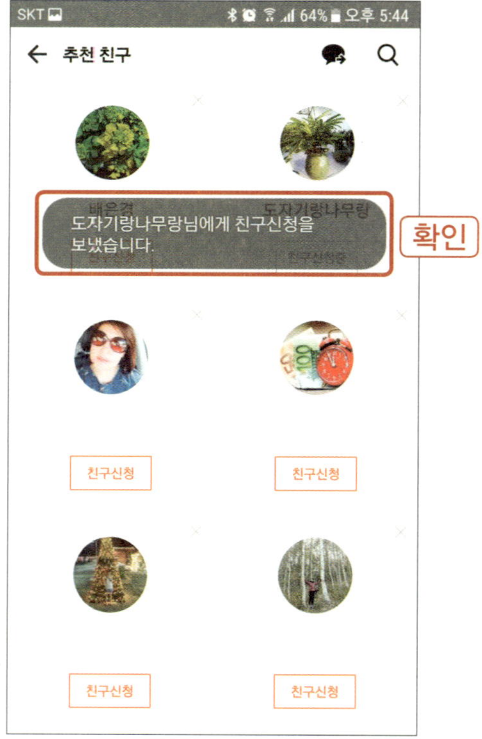

❺ 만약 친구 중에 더 이상 소식을 받고 싶지 않다면, 친구의 글을 눌러 나타나는 페이지의 **오른쪽 상단**의 **[더보기 •••] 버튼**을 누르고 목록이 나오면 **[이 친구 글 안받기]**를 눌러 주면 **삭제**가 됩니다.

1 카카오톡의 무료통화 기능인 페이스톡을 이용하여 지인에게 영상통화를 해 보세요.

> **Hint!** 문자를 보낼 친구를 누르고, 화면이 전환되면 [무료통화 📞]–페이스톡 📹]을 눌러 영상통화

2 카카오스토리에 사진을 촬영한 후 사진과 함께 글을 올려보세요.

> **Hint!** [카카오스토리 🔲] 앱을 실행하고 [글쓰기 ✏️] 버튼을 누른 후 내용을 작성

08장 스마트폰 활용 앱(대중교통 및 길 찾기)

스마트폰을 활용하여 길 찾기, 지하철노선 확인하기, 버스노선 확인하기, 내비게이션으로
길 찾는 방법에 대하여 알아봅니다.

미리보기

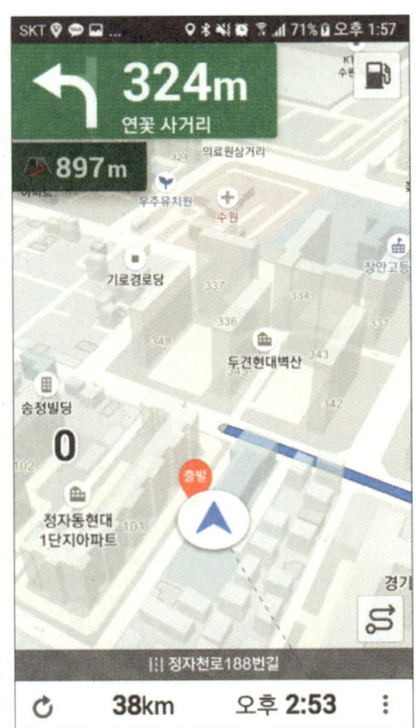

체크포인트

실습1 네이버 지도 앱을 설치하고 길을 찾는 방법에 대하여 알아봅니다.
실습2 지하철 앱을 사용하여 지하철 노선도를 확인하는 방법에 대하여 알아봅니다.
실습3 버스 앱을 사용하여 버스 노선을 확인하는 방법에 대하여 알아봅니다.
실습4 내비게이션 앱을 설치하고 사용하는 방법에 대하여 알아봅니다.

① [Play 스토어 ]에서 **'네이버 지도'를 검색하여 [설치] 버튼**을 누른 다음 **설치가 완료되면 [동의] 버튼**을 누릅니다.

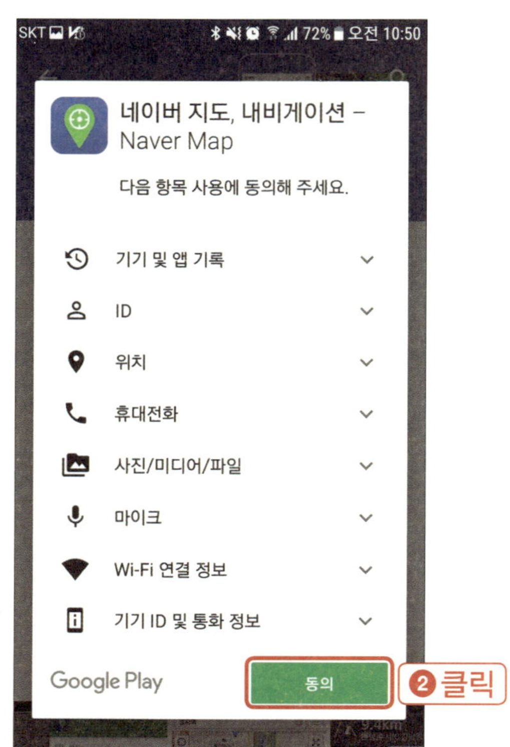

② [열기] 버튼을 누르고 **'위치 정보 사용 동의'** 메시지 창에서 [동의] 버튼을 누릅니다.

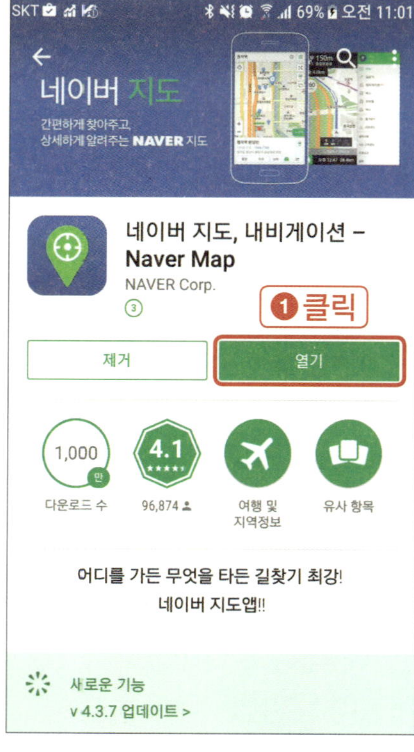

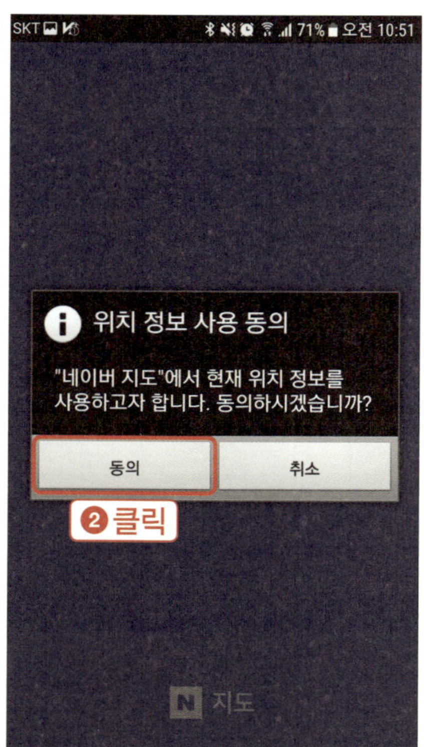

❸ **[바로가기설치] 목록에서 모두 선택을 하고 [추가] 버튼**을 선택하면 추가로 버스, 내비게이션, 지하철 등의 바로가기 아이콘이 바탕화면에 설치됩니다.

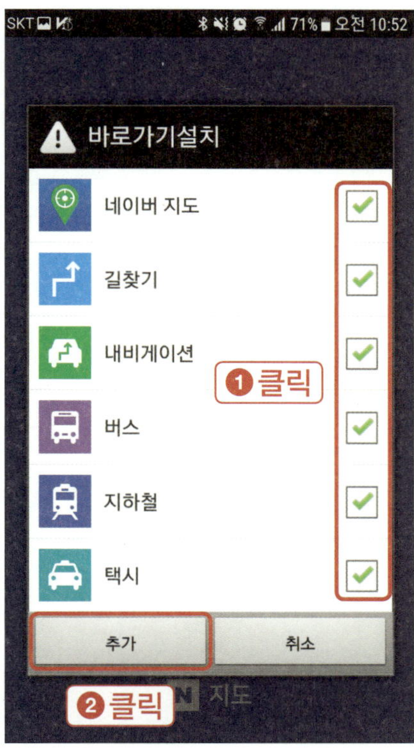

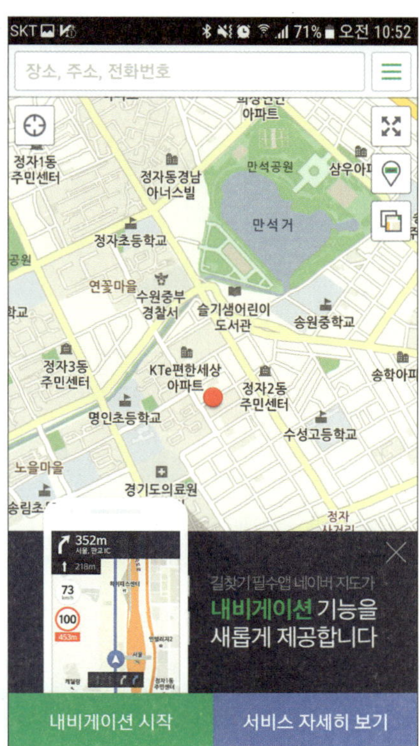

❹ **'장소, 주소, 전화번호'란에 『어린이대공원』을 입력**한 후 하단의 **[도착] 버튼**을 누르고 **[대중교통 ]
버튼**을 누릅니다.

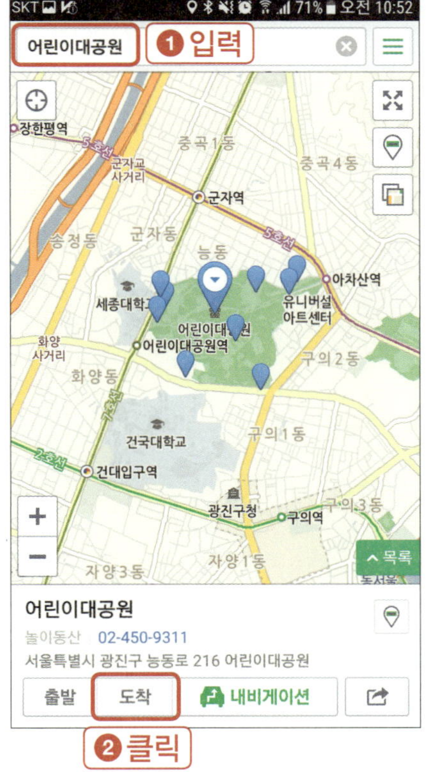

5 대중교통 안내 페이지의 [추천] 목록에서 첫 번째 추천 항목을 선택하면 자세히 보기 페이지로 이동합니다. [지도] 버튼을 누릅니다.

6 지도 버튼을 선택하면 지도 정보가 나타나고 아래쪽에 소요시간과 교통요금이 상세 표시되며, [상세] 버튼을 누르면 다시 상세 페이지로 이동합니다.

❼ 스마트폰의 [뒤로 돌아가기 ⤺] 버튼을 누른 후 **[자동차 🚗] 버튼을 누르면 자동차로 이동 시 소요시간과 통행료, 주유비 등의 정보**가 나타나며, [추천] 페이지에서 원하는 추천 경로를 선택하면 상세 정보가 지도로 표시됩니다.

❽ 교통량이 얼마나 되는 지 확인하기 위해 CCTV를 보려면 **[더보기 🗇] 버튼을 누르고 [지도] 목록이 나타나면 [CCTV]를 선택**합니다.

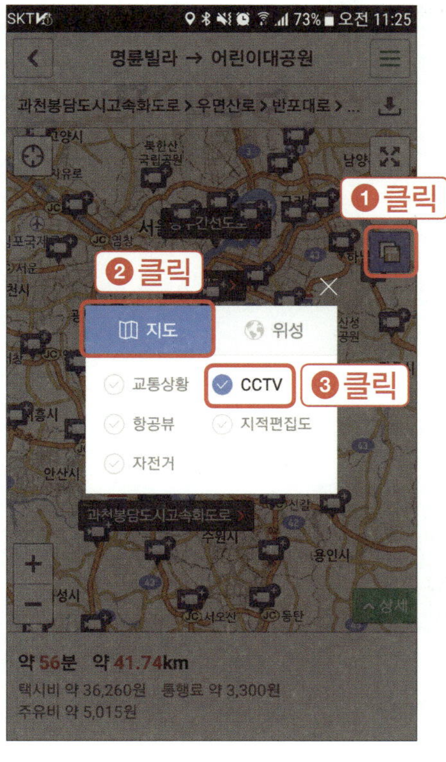

⑨ 지도에서 원하는 도로의 [CCTV ▭] 버튼을 누르면 해당 도로의 CCTV를 확인할 수 있습니다.

⑩ CCTV를 닫은 다음 스마트폰의 [뒤로 돌아가기 ↩] 버튼을 누른 다음 처음 페이지로 돌아가서 [경로안내] 버튼을 누르면 내비게이션 상태로 변환이 되며 [안내시작] 버튼을 누릅니다.

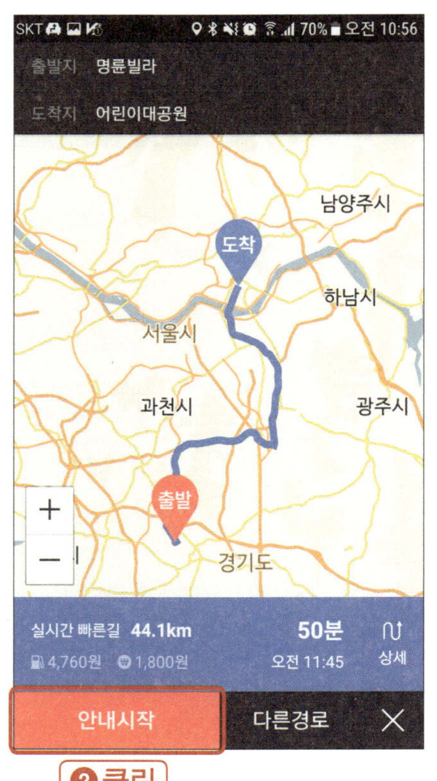

⑪ GPS 연결 **메시지 창에서 [확인]**을 누르면 내비게이션 화면으로 전환되며 **내비게이션 안내가 진행됩니다.**

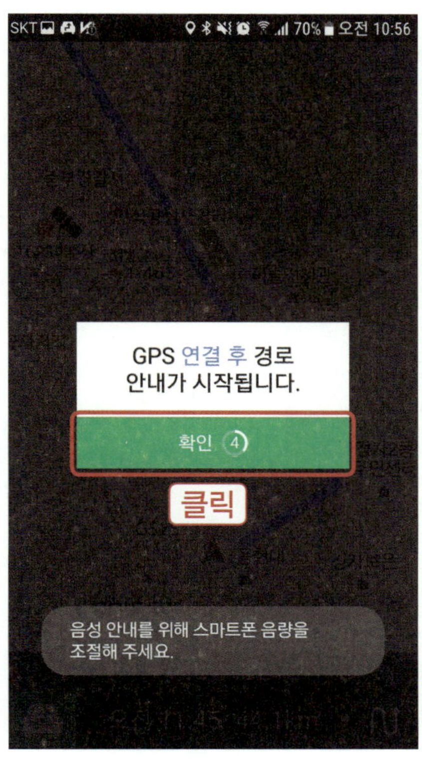

TIP **홈 화면에서 폴더 만들기**

❶ **[네이버지도]** 아이콘을 길게 누른 다음 옆에 있는 **[길찾기]** 아이콘으로 드래그하여 겹치면 폴더가 생성됩니다.

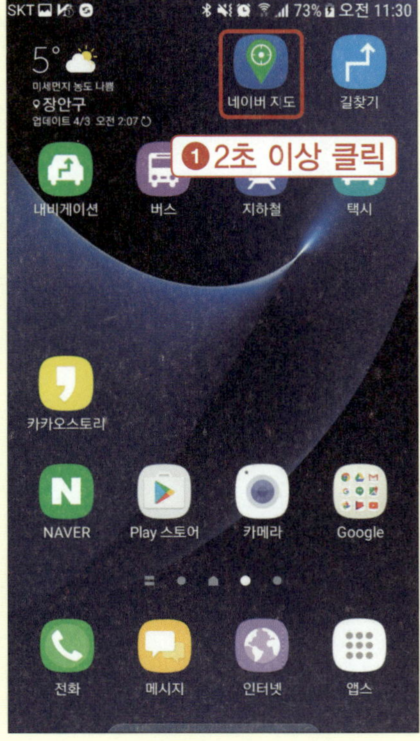

❷ 폴더가 생성되면 '폴더 이름 입력'에 『네이버』를 입력한 후 [뒤로 돌아가기 ↰] 버튼을 누르면 홈 화면에 [네이버] 폴더가 생성된 것을 확인합니다.

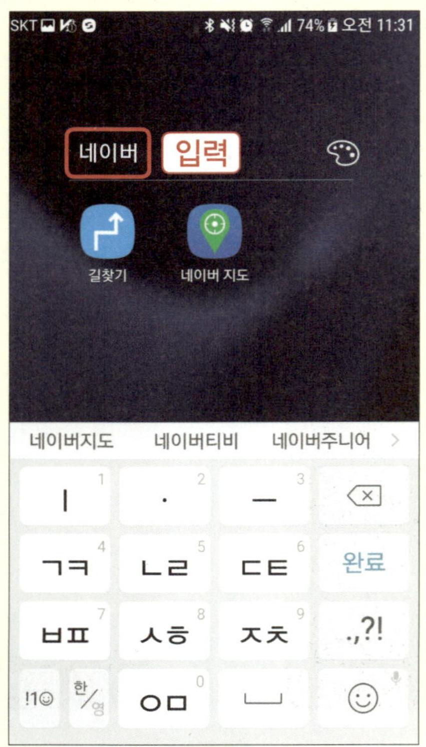

❸ 다음과 같이 네이버 폴더가 생성되고 폴더에 '길찾기'와 '네이버지도' 앱이 폴더 안에 들어 있습니다. 같은 방법으로 나머지 아이콘들을 길게 누른 다음 [네이버] 폴더로 드래그합니다.

❹ [네이버] 폴더를 눌러 **폴더 안으로 모두 이동이 되었는지 확인**합니다.

실습2 # 네이버 지하철 사용하기

지하철 앱을 이용하여 원하는 지역으로 이동하는 방법, 시간, 요금 등을 확인하는 방법에 대하여 알아봅니다.

❶ 네이버 폴더를 누른 후 안의 **[지하철] 앱을 눌러 실행**하면 지하철 노선도가 나타납니다.

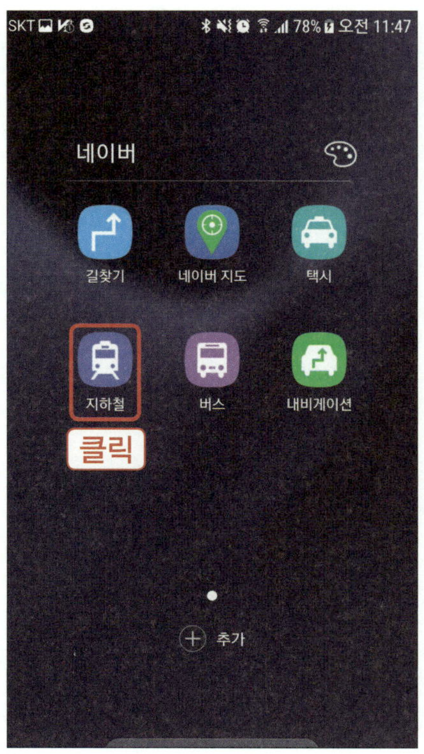

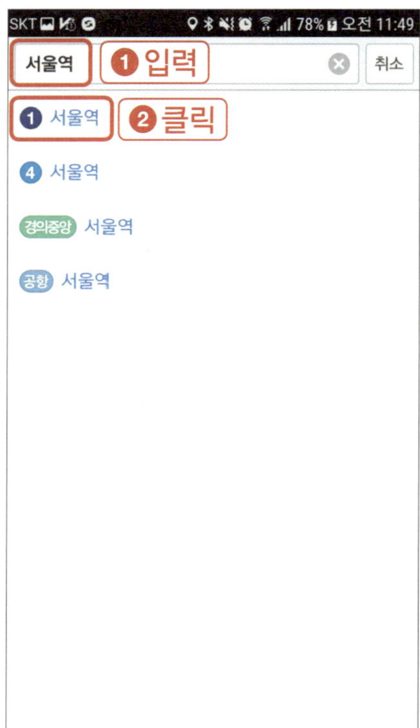 

② **'출발'** 입력란에 『**서울역**』을 **입력**한 후 아래쪽에서 **서울역을 눌러서 출발역을 지정**합니다.

③ **'도착'** 입력란에 『**동대문역**』을 **입력**한 후 아래쪽에서 **동대문역을 선택하여 도착역을 지정**하면 다음과 같이 소요시간, 정차역, 요금 정보가 나타납니다.

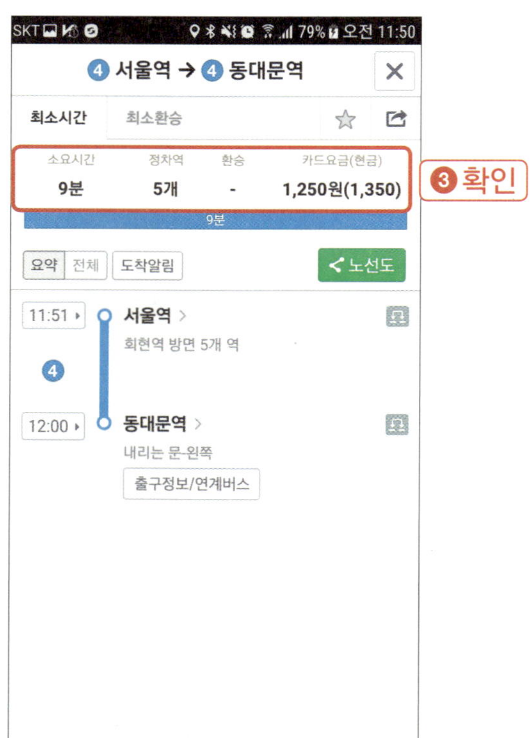

❹ **[전체] 버튼을 누르면 상세 노선**이 나타나며, **[도착알림] 버튼을 선택하여 알림을 설정**하면 도착 전
에 알람이 울리게 됩니다.

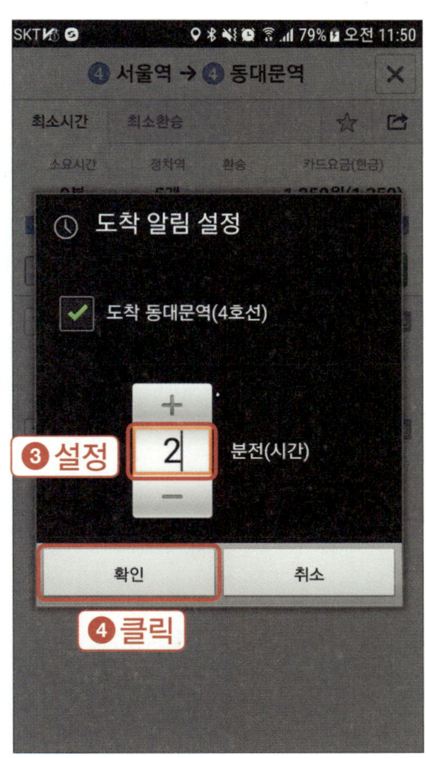

❺ **[출구정보/연계버스] 버튼을 선택**하면 출구별로 정차하는 버스 번호들이 나타납니다.

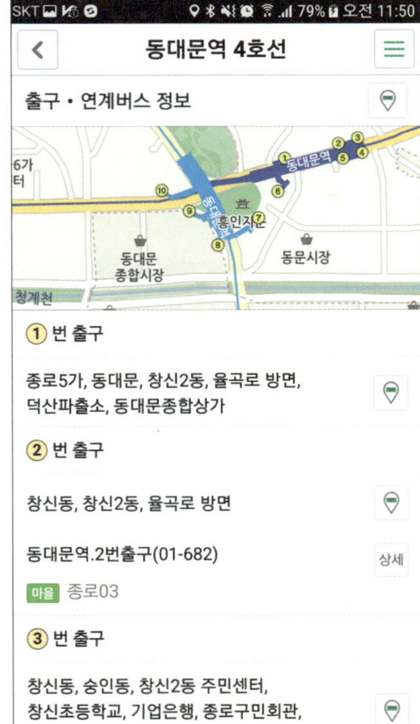

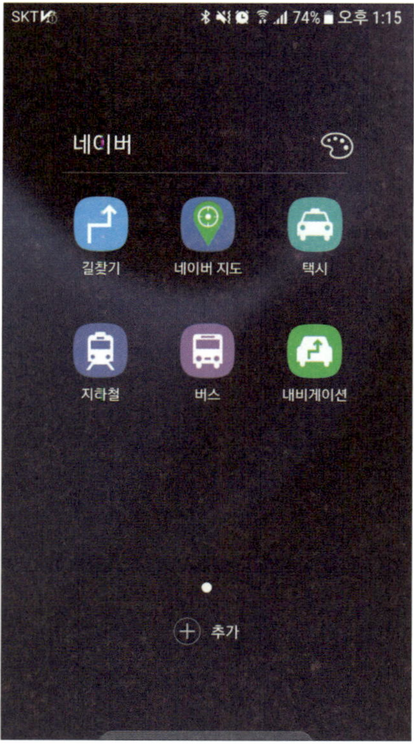

실습3 네이버 버스 사용하기

버스 앱을 이용하여 원하는 지역으로 이동하는 방법, 시간, 요금 등을 확인하는 방법에 대하여 알아봅니다.

1 [버스] 앱을 실행한 후 [BUS] 페이지에서 **검색할 버스번호 『2007』을 입력**하고 검색 목록에서
'2007'을 선택합니다.

❷ 버스번호가 검색되면 버스번호 아래쪽에 **[주변정류장]** 버튼을 누르면 본인 위치 근처의 버스 정류장이 나타납니다.

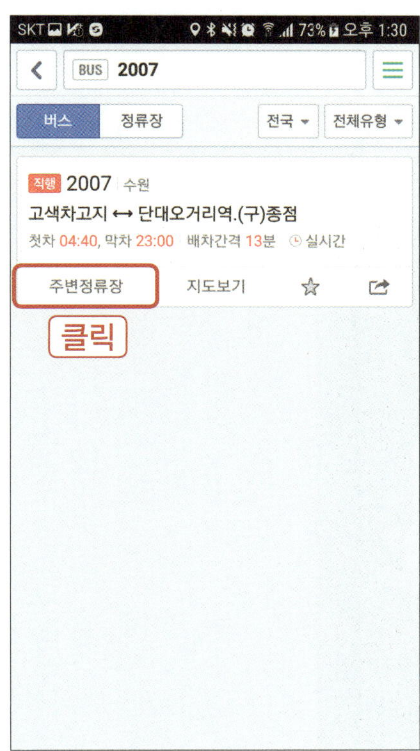

❸ **탑승할 위치의 정류장을 선택**하면 하단에 버스 도착시간이 나타나며, **[노선]** 버튼을 누르면 해당 버스의 어디를 경유하는지 전체 노선을 확인할 수 있습니다.

내비게이션 앱 설치 및 사용하기(T맵)

내비게이션 앱인 T맵을 설치하고 사용하는 방법을 알아봅니다.

1 [Play 스토어 ▶]에서 **'T맵'을 검색하여 [설치] 버튼**을 누른 다음 설치가 **완료되면 [확인] 버튼**을 누릅니다.

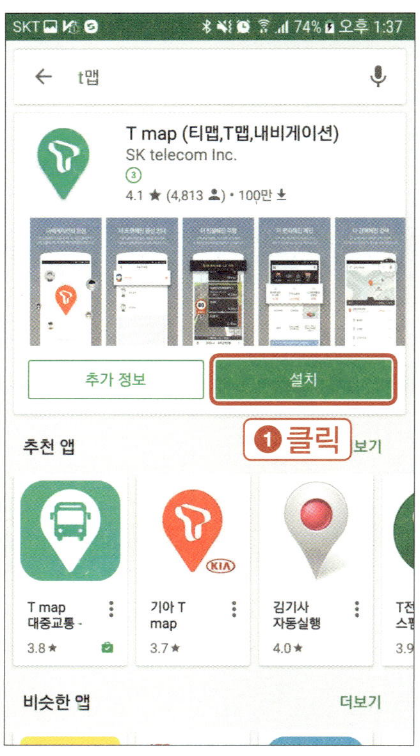

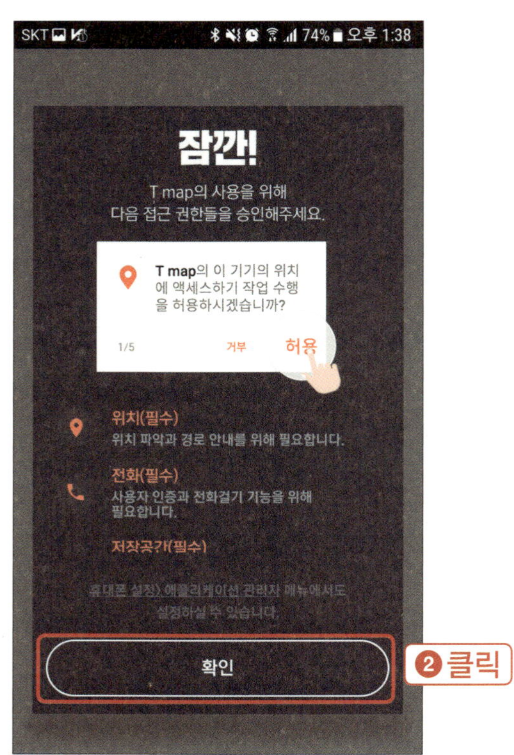

2 위치 접근 허용 **메시지가 나타나면 [허용] 버튼**을 누르고 시작화면에서 **[휴대폰 번호로 사용하기] 버튼을 누릅니다.**

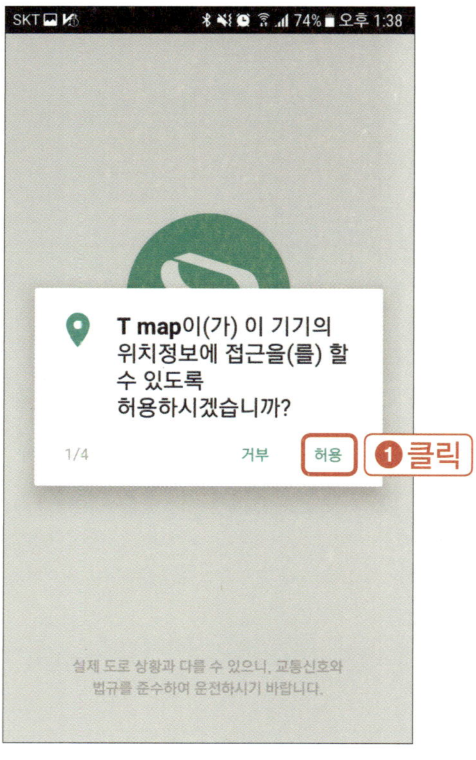

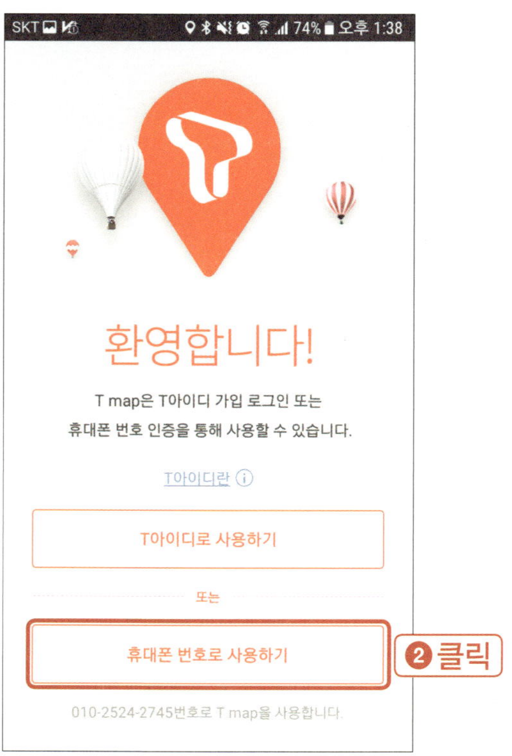

❸ 인증번호 메시지가 오면 **인증번호를 입력하고 [인증하기] 버튼**을 눌러 설치를 완료합니다.

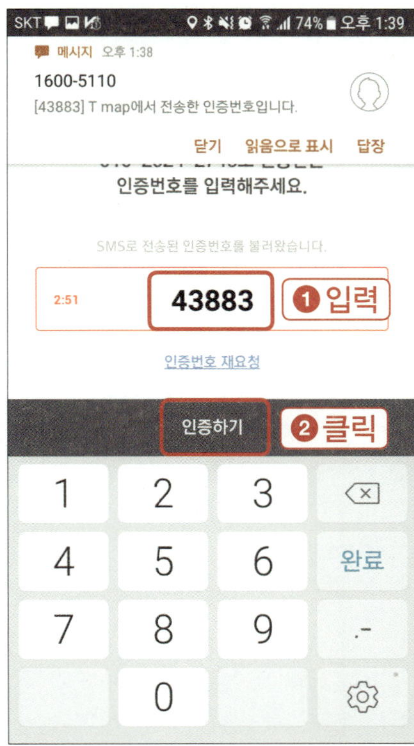

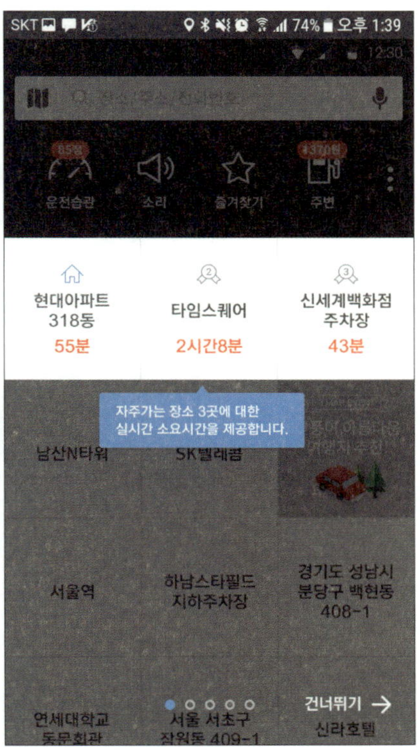

❹ [시작하기] 버튼을 누르고 '장소/주소/전화번호' 입력란에 『어린이대공원』을 입력하고 검색 목록에서 '어린이대공원'을 선택합니다.

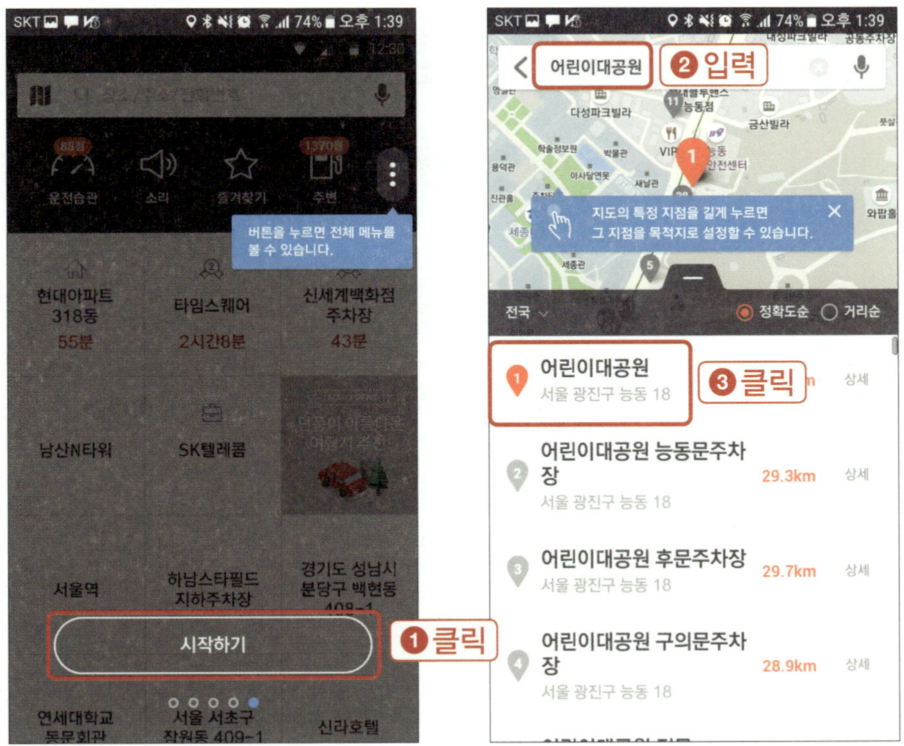

❺ 현재 위치에서 어린이대공원까지 최적길안내가 나타나며, **[안내시작] 버튼을 누르면 길안내가 시작**됩니다.

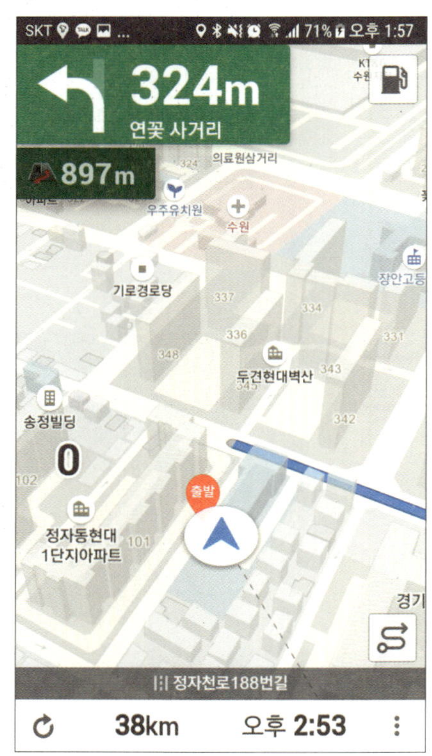

❻ **[주유소] 버튼을 누르면 근처의 주유소, 충전소, 정비소, 주차장 등을 검색**할 수 있으며, 주유소를 선택하면 근처에서 가까운 거리순으로 주유소를 표시합니다.

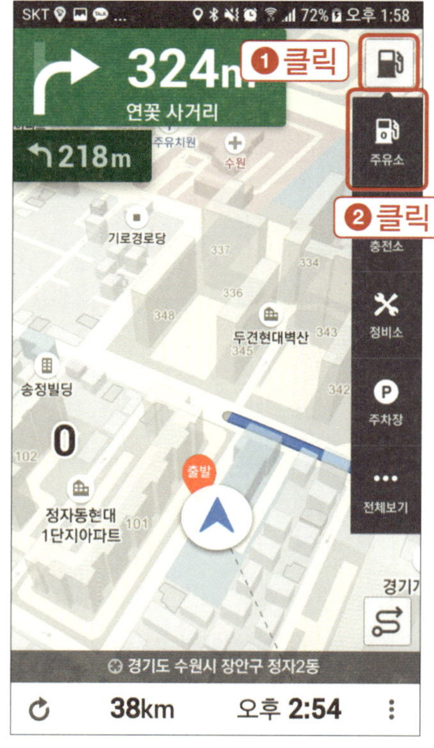
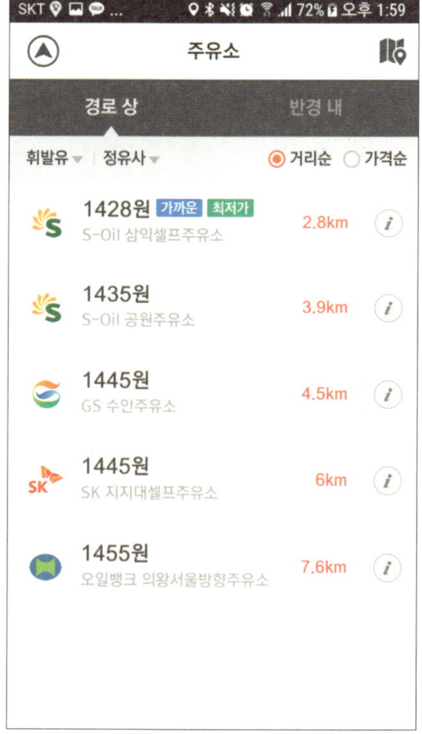

❼ [상세경로 ⮂] 버튼을 누르면 도착지점까지의 상세경로가 나타나며, 막히는 길은 주황색, 아주 막히는 길은 적색으로 표시됩니다.

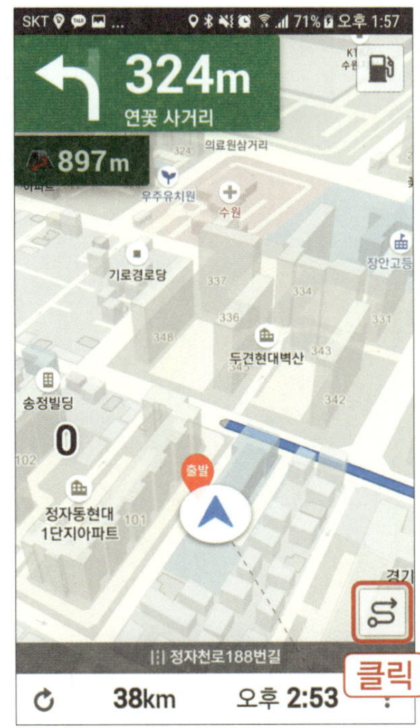

❽ 아래쪽의 [더보기 ⋮] 버튼을 눌러서 다른 경로를 지정하거나 경로를 취소할 수 있으며, **스마트폰을 가로로 회전하면 내비게이션 화면이 가로로 표시**됩니다.

TIP 내비게이션 화면이 가로로 전환되지 않아요.

홈 화면의 위쪽에 있는 상태바를 아래쪽으로 끌어서 나타나게 한 후 세로 🔒를 회전 🔄으로 지정하면 화면이 자동으로 전환됩니다.

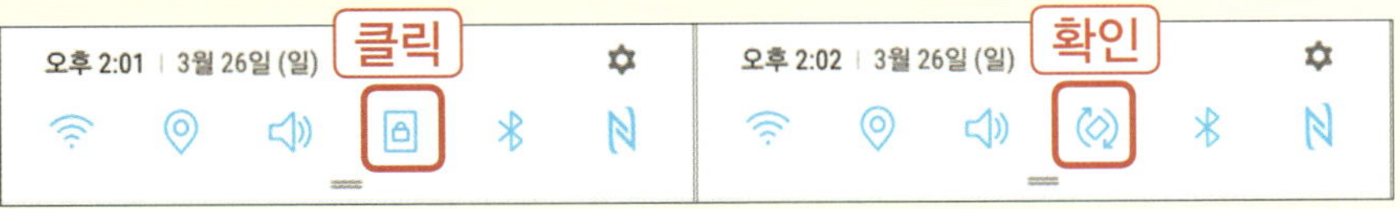

▲ 세로 (🔒 세로방향으로 고정)　　▲ 회전(🔄 세로, 가로 방향으로 자동 전환)

1 네이버지도 앱을 이용하여 내 위치에서 서울대공원까지 교통편을 검색해 보세요.

Hint! 네이버 지도 앱을 실행 [장소, 주소, 전화번호]란에 『서울대공원』을 입력한 후 하단에 [도착] 버튼을 누르고 [대중교통 🚇] 버튼을 눌러 조회

2 T맵(내비게이션) 앱을 이용하여 현 위치에서 '물향기수목원'까지 가는 길을 찾아 검색해 보세요.

Hint! T맵을 실행-[장소/주소/전화번호] 입력란에 『물향기수목원』을 입력하여 검색

09장 스마트폰 활용 앱(명함관리, 문서스캔)

명함관리 앱을 설치하고 카메라를 이용하여 명함을 촬영하고 내용을 주소록에 자동으로 입력
하는 방법을 알아보고, 문서를 카메라로 촬영하여 스캔문서로 전환하는 방법을 알아봅니다.

미리보기

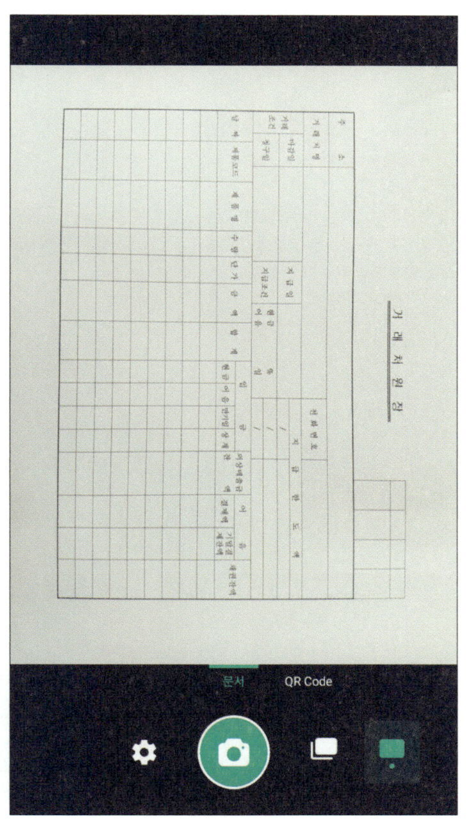

체크포인트

실습1 명함관리 앱을 설치하고 카메라로 촬영하여 내용을 주소록에 입력하는 방법에 대하여 알아봅니다.

실습2 스캔 앱을 설치하고 문서를 카메라로 촬영하여 스캔문서로 전환하는 방법에 대하여 알아봅니다.

실습3 팩스 앱을 설치하고 스마트폰으로 팩스를 전송하는 방법에 대하여 알아봅니다.

명함관리 앱 설치 및 사용하기

명함 관리 앱을 이용하여 명함을 편리하게 주소록에 저장하는 방법에 대하여 알아봅니다.

1 [Play 스토어]에서 **'캠카드'를 검색하여 [설치] 버튼**을 누른 다음 **설치가 완료되면 [열기] 버튼**을 누릅니다.

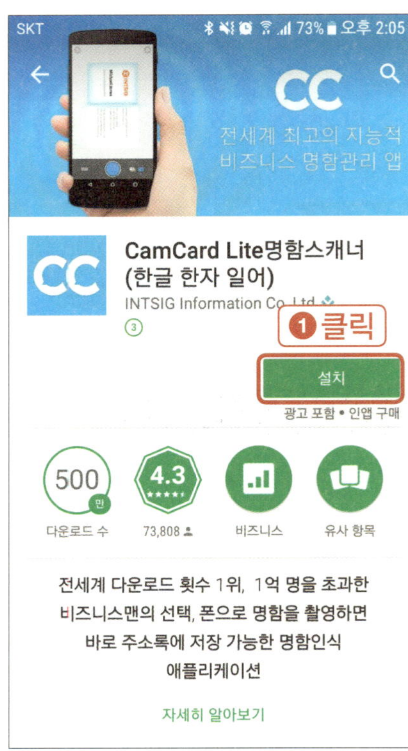

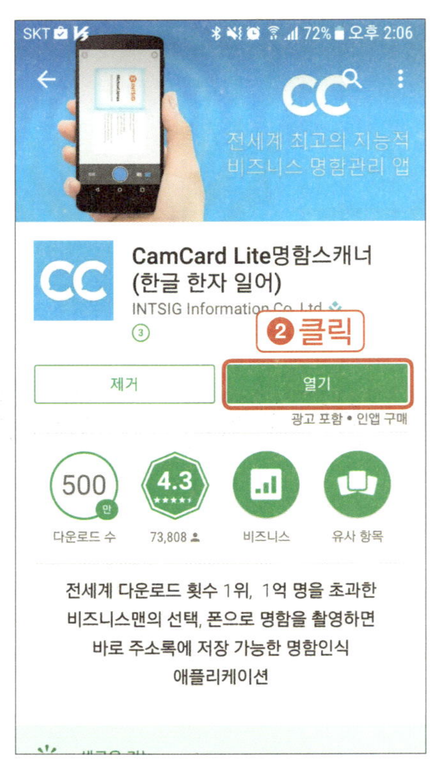

2 사진, 미디어, 파일에 접근을 허용하라는 **메시지가 나타나면 [허용] 버튼**을 누르고 **화면을 왼쪽으로 드래그하면서 내용을 확인**합니다.

❸ [바로 시작] 버튼을 누르고 **[로그인] 페이지에서 [등록] 버튼**을 누릅니다.

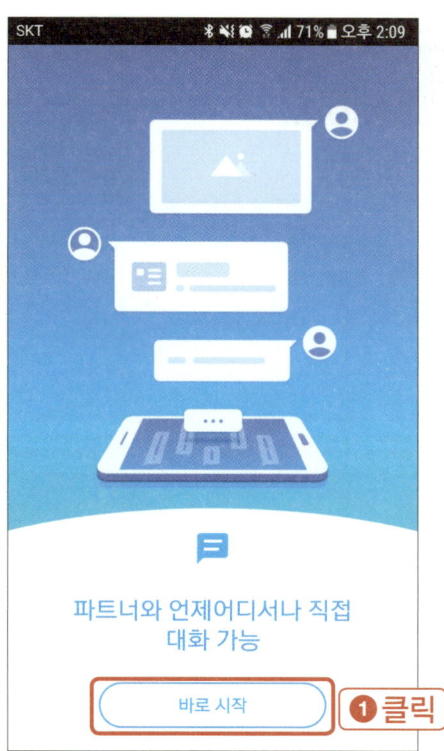

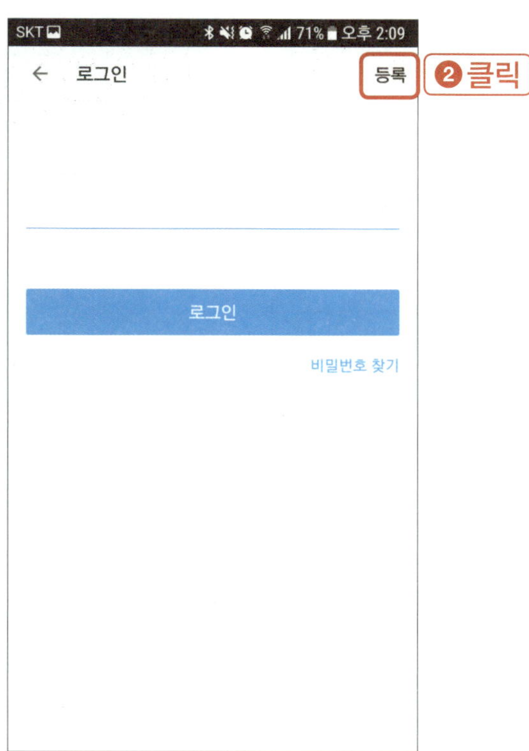

❹ [등록] 페이지에서 **[전화번호로 회원가입] 버튼**을 누른 다음 전화번호와 비밀번호를 입력한 후 **[등록] 버튼**을 눌러 등록을 완료합니다.

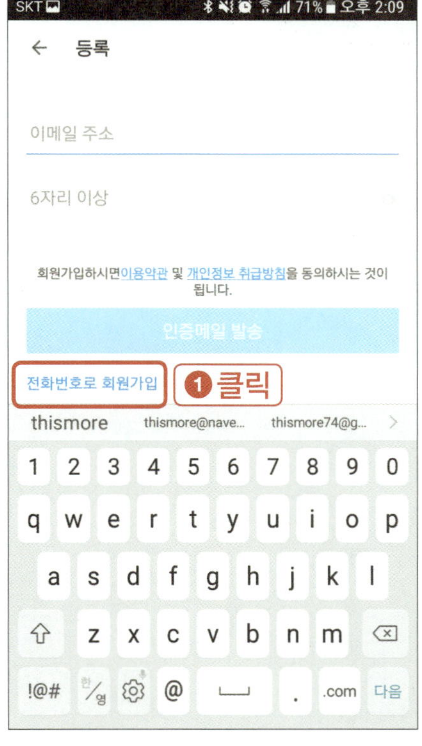

❺ **[로그인] 화면에서 전화번호와 비밀번호를 입력**한 후 [로그인] 버튼을 누르고 명함을 촬영하기 위해 **[카메라] 버튼을 누릅니다.**

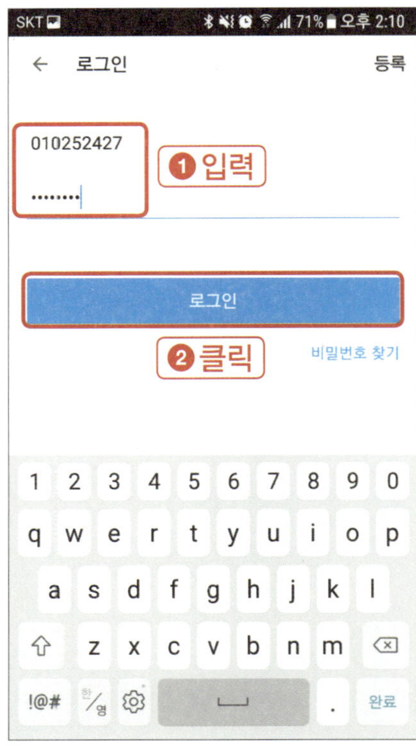

❻ 카메라가 활성화된 후 **명함을 [촬영] 버튼을 눌러 찍으면 명함의 내용이 텍스트로 변환되고, [저장] 버튼을 누르면 주소록에 저장**됩니다.

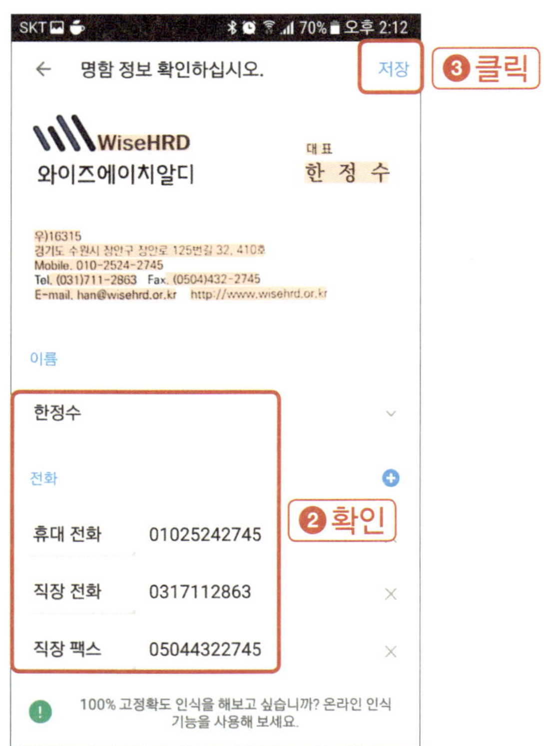

7 내용을 확인하고 스마트폰의 [뒤로 돌아가기 ↰] 버튼을 누르면 '명함 책'에 저장됩니다.

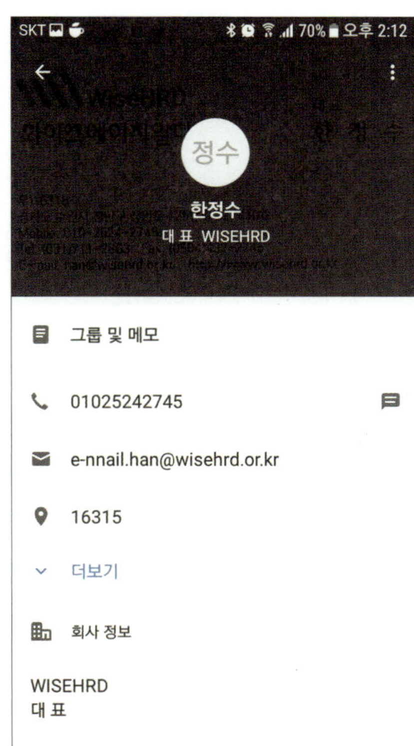

실습2 스캔 앱 설치 및 사용하기

스캔 앱을 설치하고 문서를 카메라로 촬영하여 스캔문서로 전환하는 방법에 대하여 알아봅니다.

1 [Play 스토어 ▶]에서 '**캠스캐너(CamScanner)**'를 검색하여 [설치] 버튼을 누른 다음 **설치가 완료되면 [열기] 버튼**을 누릅니다.

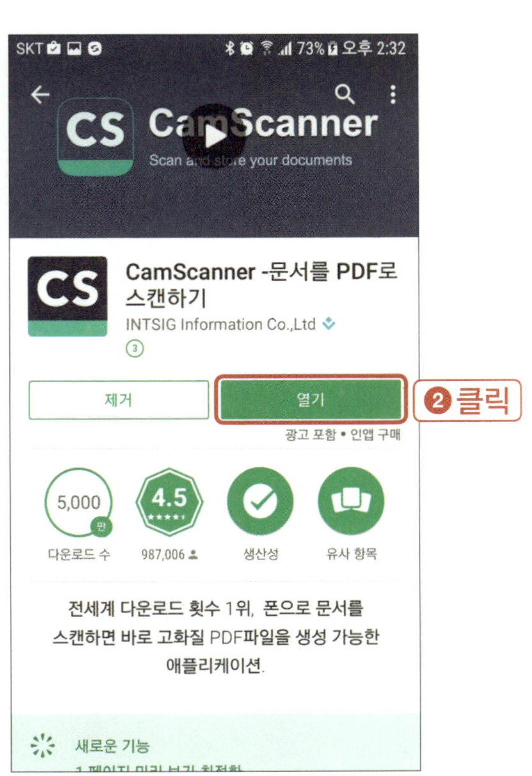

❷ 저장소 액세스 **설정 메시지 창에서 [설정] 버튼**을 누른 다음 [애플리케이션 정보] 페이지에서 **아래쪽으로 이동한 후 [권한]을 선택**합니다.

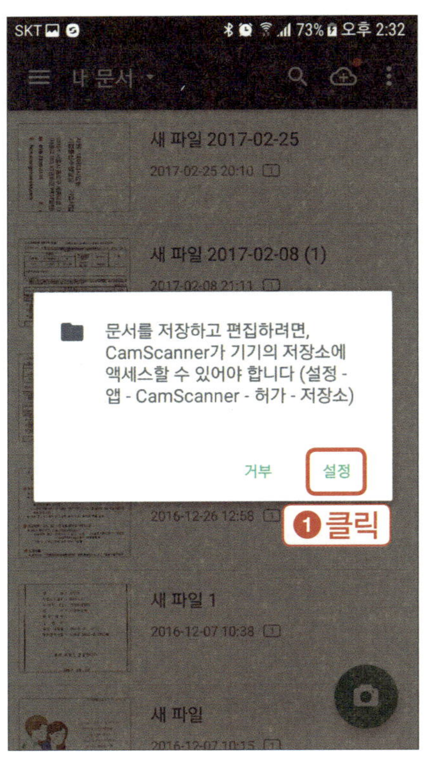

❸ [앱 권한] 페이지에서 **저장공간, 전화, 카메라를 [ON 🔵]으로 각각 지정**합니다. 스마트폰의 [뒤로 돌아가기 ↰] 버튼을 눌러 캠스캐너 첫 페이지로 이동하고 **오른쪽 하단의 [카메라 📷] 버튼을 누릅니다.**

❹ 스캔 받을 문서를 준비한 후 **[카메라 촬영 📷] 버튼을 눌러 촬영**하면 스캔 문서에 조절할 수 있는 조절점이 나타납니다.

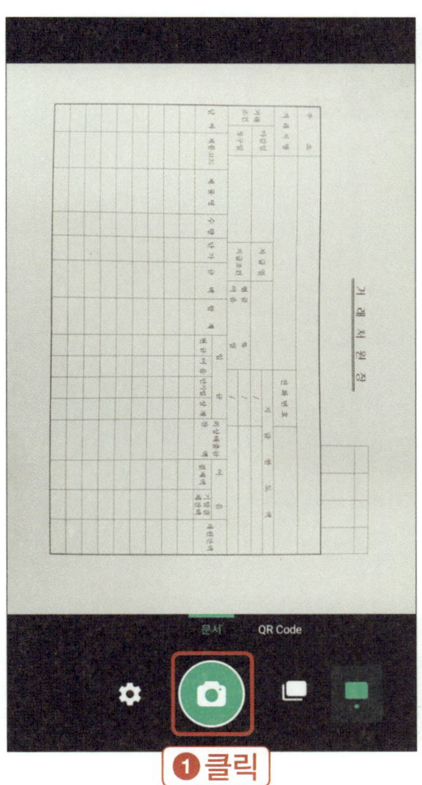
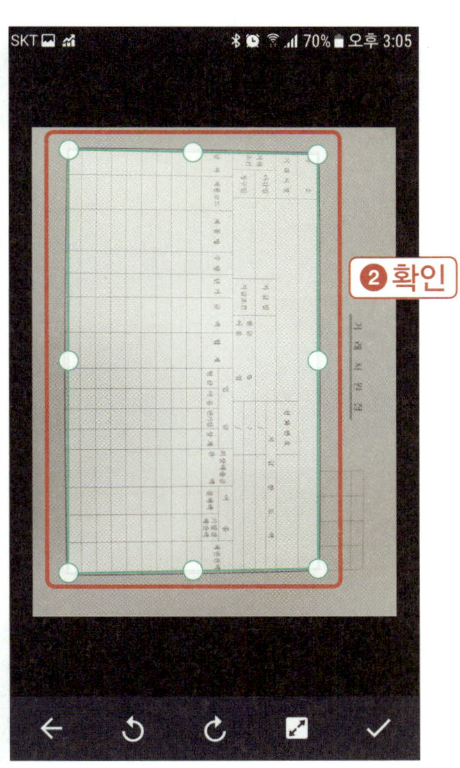

❺ **조절점을 이용하여 스캔할 영역을 조절한 후 [확인 ✔] 버튼을 누르고 하단에서 효과를 [심한 미화]로 지정한 후 [확인 ✔] 버튼을 누릅니다.**

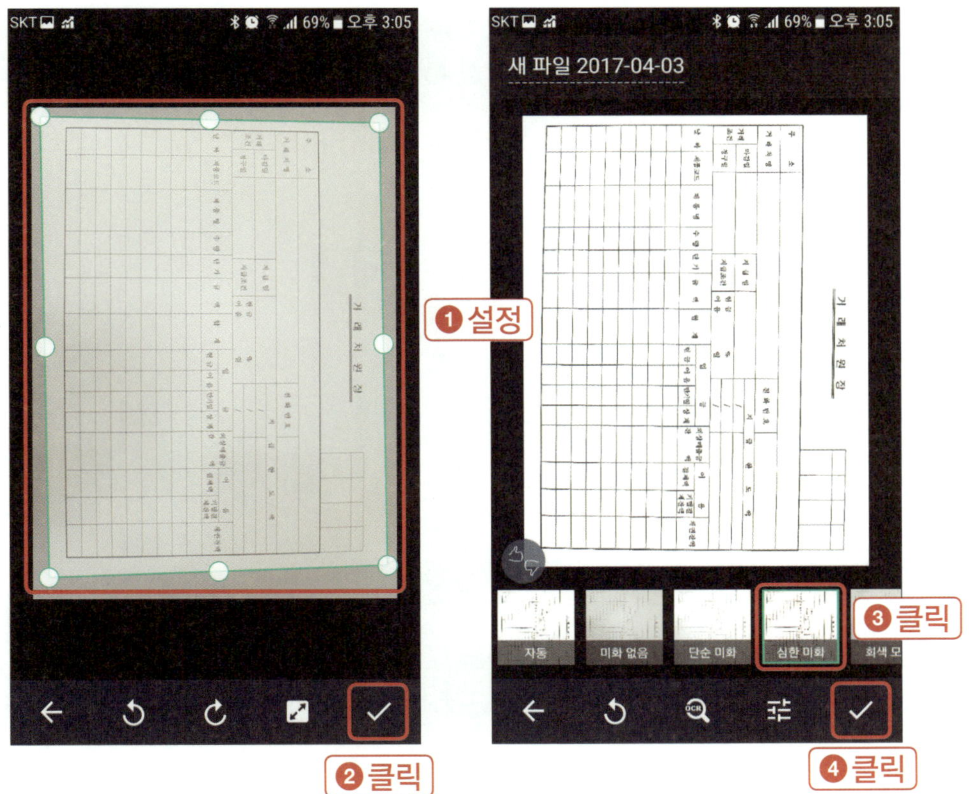

❻ 다음과 같이 스캔한 문서가 목록에 나타나며, 스캔문서를 누르면 내용을 확인할 수 있습니다. **[공유]** 버튼을 누르면 **문서를 이메일로 첨부**할 수도 있습니다.

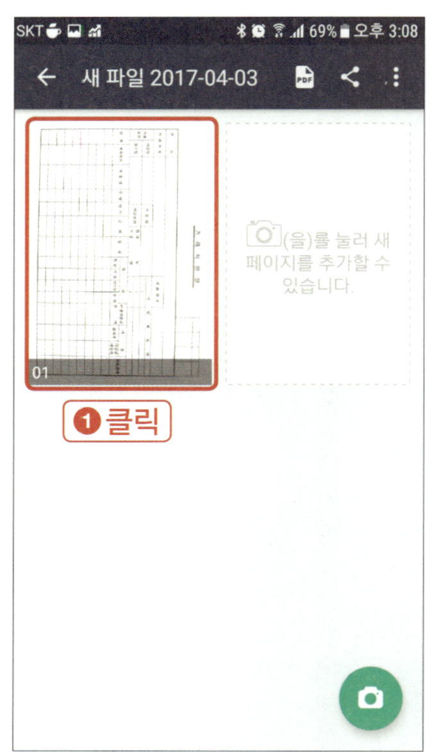

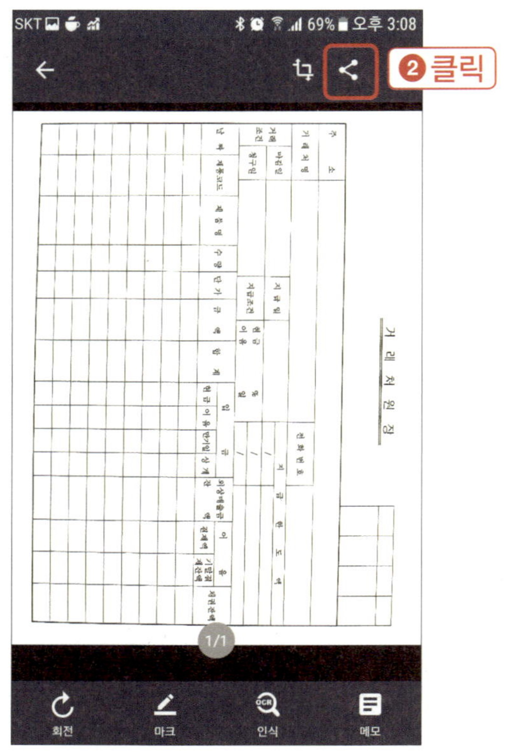

실습3 스마트폰 팩스 앱 설치 및 사용하기

팩스없이 스마트폰으로 팩스를 보내고 팩스를 받는 방법에 대하여 알아봅니다

❶ [Play 스토어]에서 **'모바일팩스(Mobile Fax)'를 검색하여 [설치] 버튼**을 누른 다음 **설치가 완료되면 [열기] 버튼**을 누릅니다.

❷ 통화 등의 **허용 요구 메시지 창이 나타나면 [허용] 버튼**을 누르고, 시스템 설정 **수정 메시지 창이 나타나면 [확인] 버튼**을 누릅니다.

❸ **[디바이스 설정]** 페이지에서 **저장공간, 전화, 카메라 설정을 [ON]으로 지정**한 후 스마트폰의 **[뒤로 돌아가기]** 버튼을 눌러 **전체동의에 체크를 하고 [다음] 버튼**을 누릅니다.

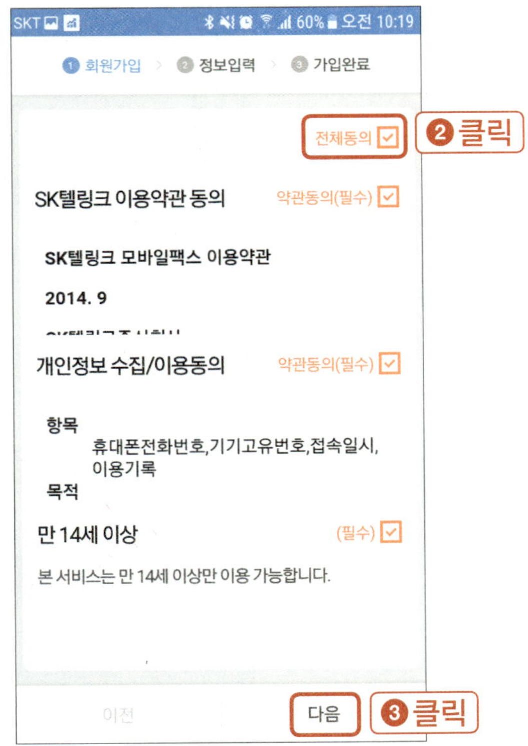

❹ **사용할 팩스 번호를 선택한 후 [다음] 버튼**을 누릅니다. **[더보기] 버튼을 누르면 팩스번호를 확인**할
수 있습니다.

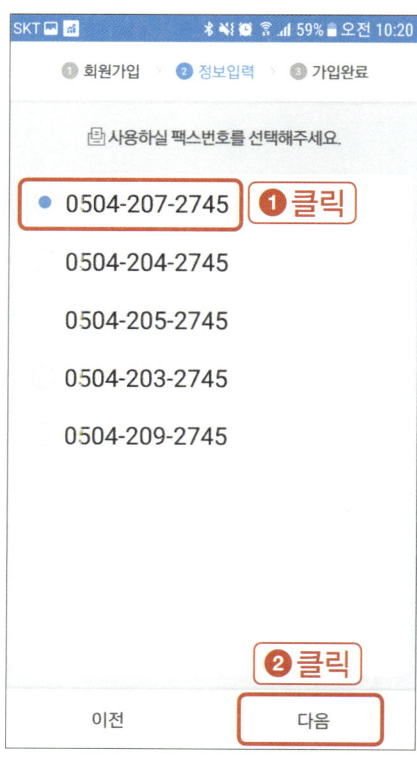

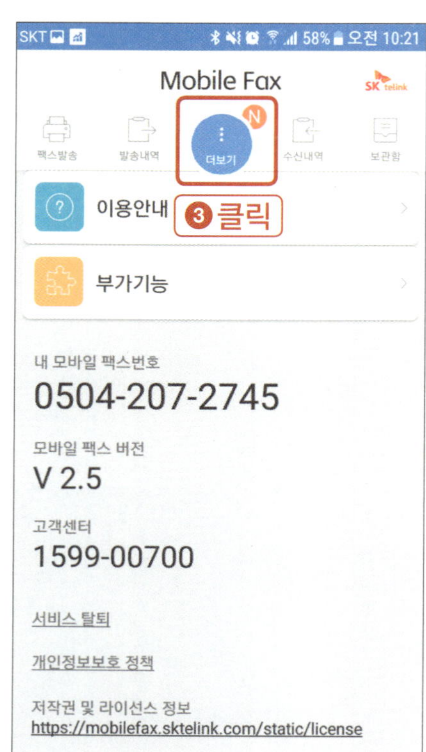

❺ **[팩스발송 🖨] 버튼을 누른 후 [파일 선택] 목록에서 [문서]를 선택**합니다. 사진을 팩스로 전송할
때는 갤러리를 선택하여 전송할 수 있습니다.

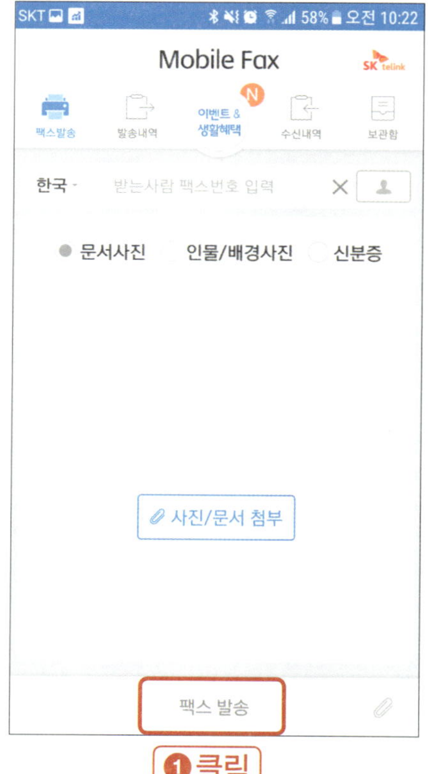

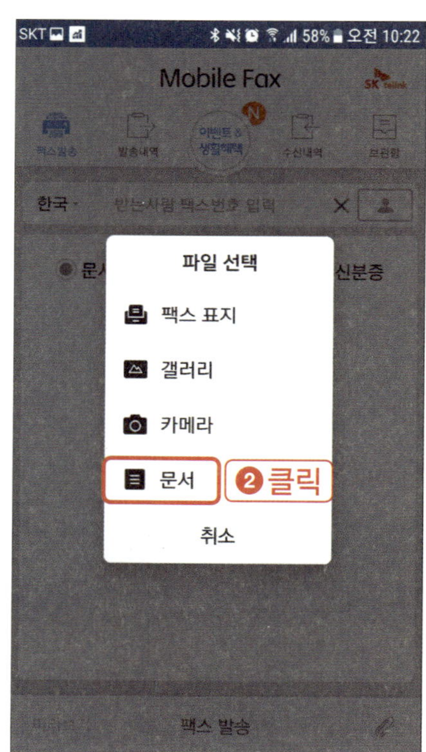

❻ 열기 목록에서 **내부저장공간(Samsung Galaxy S7)을 선택한 후 [CamScanner] 폴더를 선택**합니다.

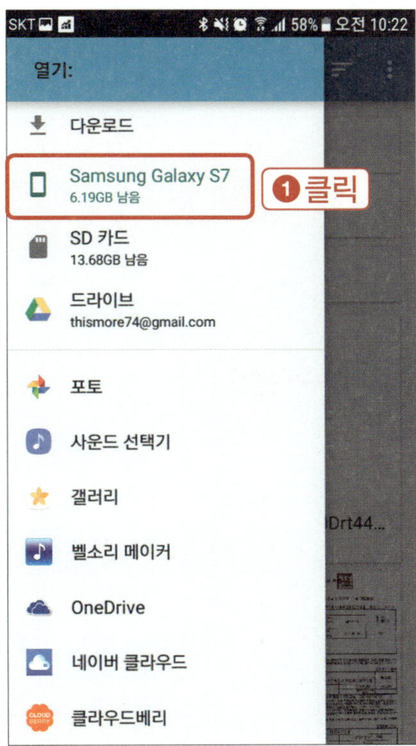
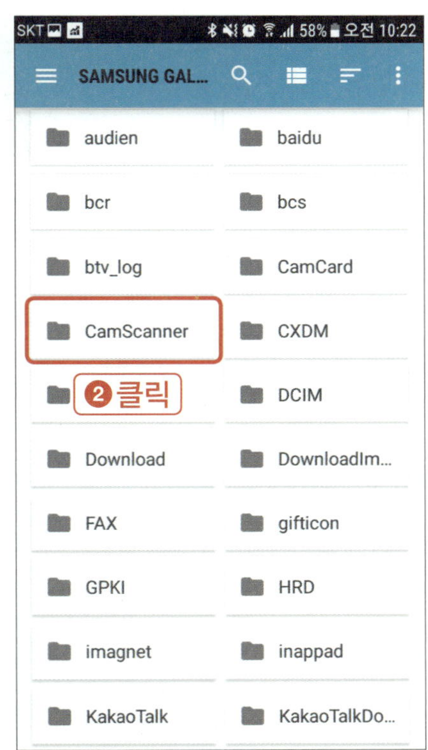

❼ **[.images] 폴더를 누르고 팩스로 전송할 문서를 선택**합니다.

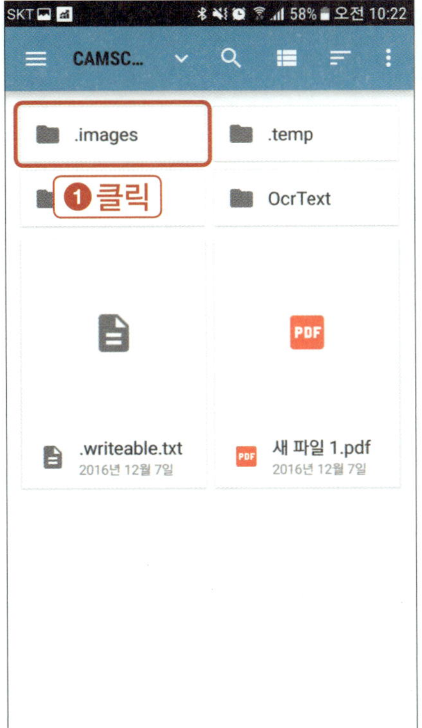
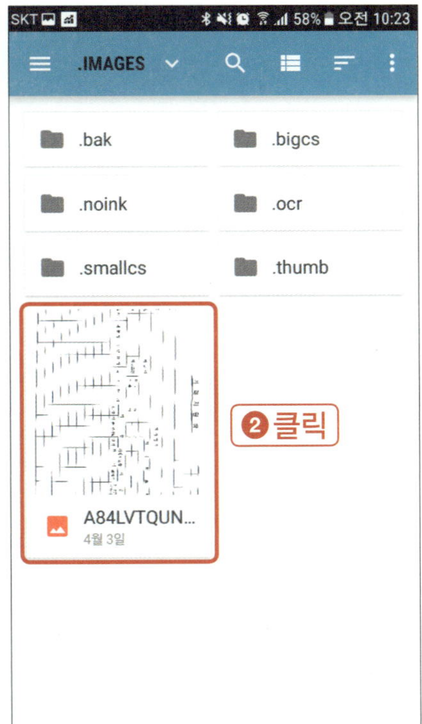

❽ 내용을 확인하고 아래쪽에 [팩스 발송] 버튼을 누르면 팩스가 발송됩니다. 팩스 발송 시 **MMS 2건의 요금이 발생**됩니다.

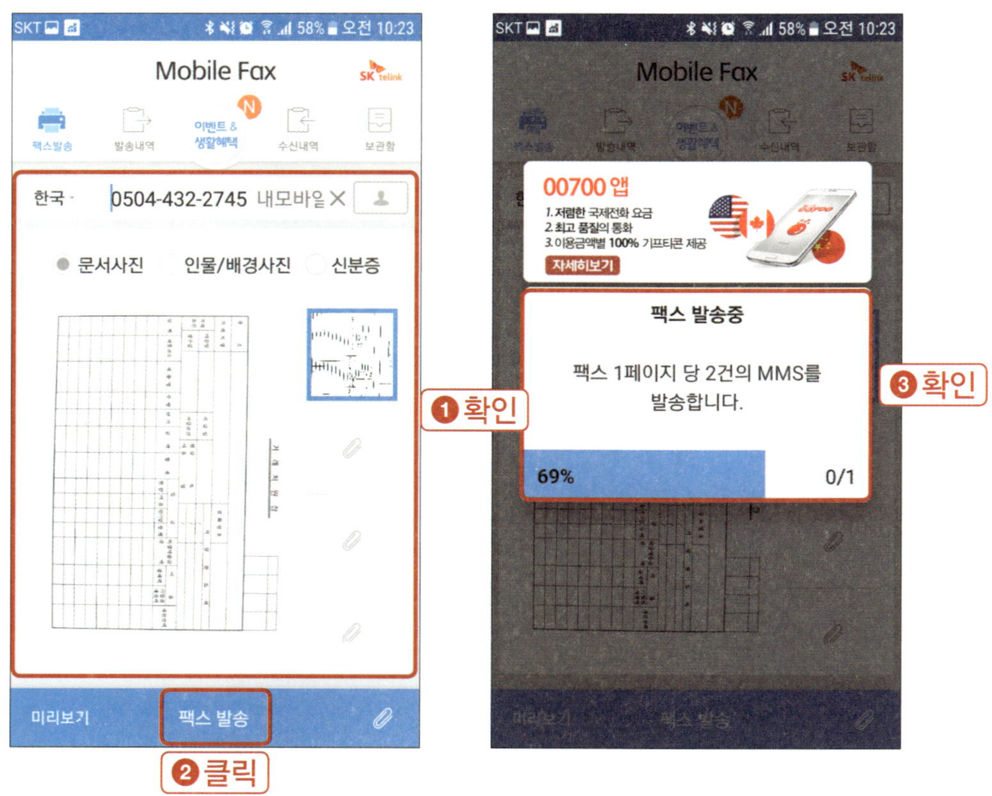

❾ 다른 사람이 보낸 수신 내역을 확인할 경우에는 **[수신내역] 버튼을 누르면 받은 문서를 확인**할 수 있습니다.

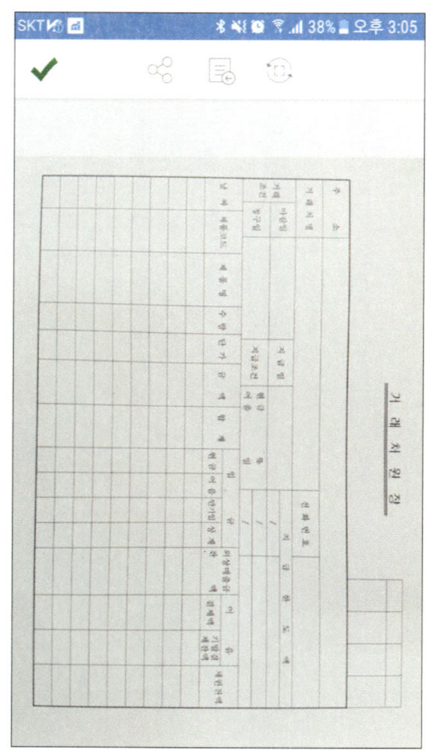

1 명함관리 앱을 이용하여 다음 명함을 촬영한 후 연락처에 명함내용을 저장해 보세요.

> **㈜성안상회**
>
> **한정수** 대표
> 010-1234-0000
>
> 경기도 수원시 장안구 정자동 29-10번지
> 전화031-713-0000   팩스 031-713-0001

Hint! 캠카드 앱을 실행하고 [촬영] 버튼을 눌러 명함을 저장

2 스캔 앱을 이용하여 다음 문서를 촬영한 후 PDF 문서로 저장해 보세요.

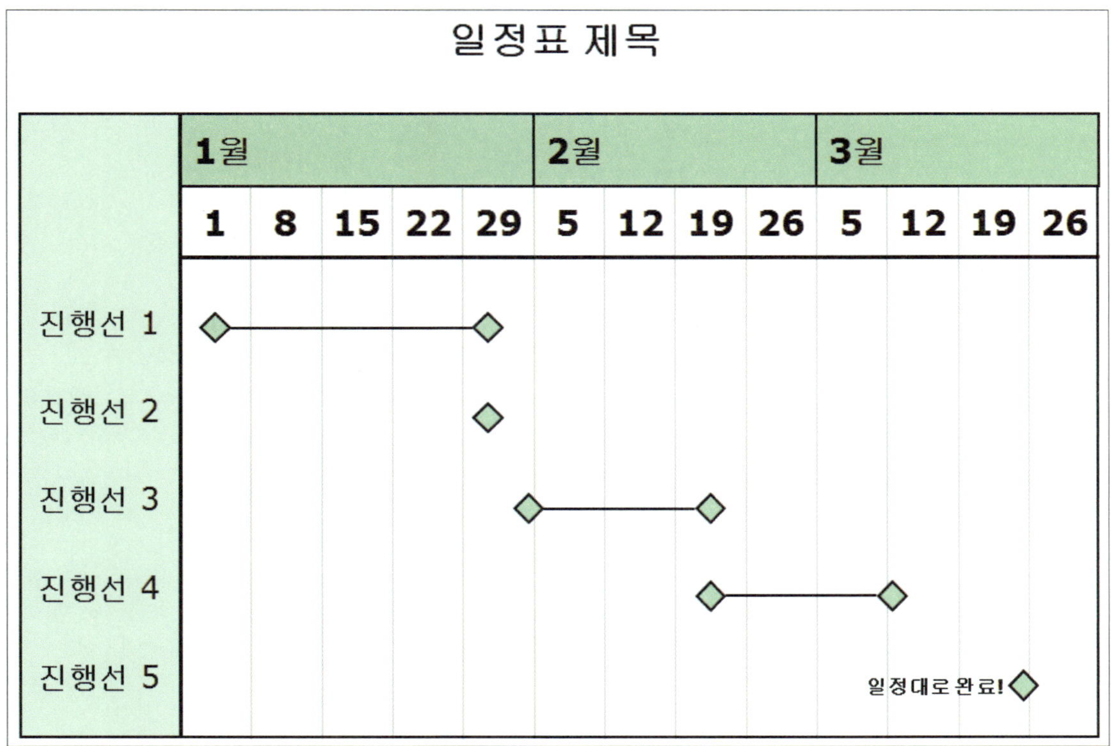

Hint! 스캔 앱을 실행 [촬영] 버튼을 클릭하여 촬영한 후, 조절점을 이용하여 영역 조절한 후 저장

교재로 채택하여 강의 중인 **컴퓨터학원**입니다.

[서울특별시]

한양IT전문학원(서대문구 홍제동 330-54)
유림컴퓨터학원(성동구 성수1가 1동 656-251)
아이콘컴퓨터학원(은평구 갈현동 390-8)
송파컴퓨터회계학원(송파구 송파동 195-6)
강북정보처리학원(은평구 대조동 6-9호)
아이탑컴퓨터학원(구로구 개봉1동 65-5)
신영진컴퓨터학원(구로구 신도림동 437-1)
방학컴퓨터학원(도봉구 방학3동 670)
아람컴퓨터학원(동작구 사당동 우성2차 09상가)
국제컴퓨터학원(서대문구 천연동 4)
백상컴퓨터학원(구로구 구로1동 314-1 극동상가 4층)
엔젤컴퓨터학원(도봉구 창2동 581-28)
독립문컴퓨터학원(종로구 무악동 47-4)
문성컴퓨터학원(동작구 대방동 335-16 대방빌딩 2층)
대건정보처리학원(강동구 명일동 347-3)
제6세대컴퓨터학원(송파구 석촌동 252-5)
명문컴퓨터학원(도봉구 쌍문2동 56)
영우컴퓨터학원(도봉구 방학1동 680-8)
바로컴퓨터학원(강북구 수유2동 245-4)
뚝섬컴퓨터학원(성동구 성수1가2동)
오성컴퓨터학원(광진구 자양3동 553-41)
해인컴퓨터학원(광진구 구의2동 30-15)
푸른솔컴퓨터학원(광진구 자양2동 645-5)
희망컴퓨터학원(광진구 구의동)
경일웹컴퓨터학원(중랑구 신내동 665)
현대정보컴퓨터학원(양천구 신정5동 940-38)
보노컴퓨터학원(관악구 서림동 96-48)
스마트컴퓨터학원(도봉구 창동 9-1)
모드산업디자인학원(노원구 상계동 724)
미주컴퓨터학원(구로구 구로5동 528-7)
미래컴퓨터학원(구로구 개봉2동 403-217)
중앙컴퓨터학원(구로구 구로동 437-1 성보빌딩 3층)
고려아트컴퓨터학원(송파구 거여동 554-3)
노노스창업교육학원(서초구 양재동 16-6)
우신컴퓨터학원(성동구 홍익동 210)
무궁화컴퓨터학원(성동구 행당동 245번지 3층)
영일컴퓨터학원(금천구 시흥1동 838-33호)
셀파컴퓨터회계학원(송파구 송파동 97-43 3층)
지현컴퓨터학원(구로구 구로3동 188-5)

[인천광역시]

이컴IT.회계전문학원(남구 도화2동 87-1)
대성정보처리학원(계양구 효성1동 295-1 3층)
상아컴퓨터학원(계양구 계산3동 18-17 교육센터 4층)
명진컴퓨터학원(계양구 계산동 946-10 덕수빌딩 6층)
한나래컴퓨터디자인학원(계양구 임학동 6-1 4층)
효성한맥컴퓨터학원(계양구 효성1동 77-5 신한뉴프라자 4층)
시대컴퓨터학원(남동구 구월동 1225-36 롯데프라자 301-1)
피엘컴퓨터학원(남동구 구월동 1249)

하이미디어아카데미(부평구 부평동 199-24 2층)
부평IT멀티캠퍼스학원(부평구 부평5동 199-24 4, 5층)
돌고래컴퓨터아트학원(부평구 산곡동 281-53 풍성프라자 402, 502호)
미래컴퓨터학원(부평구 산곡1동 180-390)
가인정보처리학원(부평구 삼산동 391-3)
서부연세컴퓨터학원(서구 가좌1동 140-42 2층)
이컴학원(서구 석남1동 513-3 4층)
연희컴퓨터학원(서구 심곡동 303-1 새터빌딩 4층)
검단컴퓨터회계학원(서구 당하동 5블럭 5롯트 대한빌딩 4층)
진성컴퓨터학원(연수구 선학동 407 대영빌딩 6층)
길정보처리회계학원(중구 인현동 27-7 창대빌딩 4층)
대화컴퓨터학원(남동구 만수5동 925-11)
new중앙컴퓨터학원(계양구 임학동 6-23번지 3층)

[대전광역시]

학사컴퓨터학원(동구 판암동 203번지 리라빌딩 401호)
대승컴퓨터학원(대덕구 법동 287-2)
열린컴퓨터학원(대덕구 오정동 65-10 2층)
국민컴퓨터학원(동구 가양1동 579-11 2층)
용운컴퓨터학원(동구 용운동 304-1번지 3층)
굿아이컴퓨터학원(서구 가수원동 656-47번지 3층)
경성컴퓨터학원(서구 갈마2동 1408번지 2층)
경남컴퓨터학원(서구 도마동 경남(아)상가 301호)
둔산컴퓨터학원(서구 탄방동 734 3층)
로얄컴퓨터학원(유성구 반석동 639-4번지 웰빙타운 602호)
자운컴퓨터학원(유성구 신성동 138-8번지)
오원컴퓨터학원(중구 대흥동 205-2 4층)
계룡컴퓨터학원(중구 문화동 374-5)
제일정보처리학원(중구 은행동 139-5번지 3층)

[광주광역시]

태봉컴퓨터전산학원(북구 운암동 117-13)
광주서강컴퓨터학원(북구 동림동 1310)
다음정보컴퓨터학원(광산구 신창동 1125-3 건도빌딩 4층)
광주중앙컴퓨터학원(북구 문흥동 999-3)
국제정보처리학원(북구 중흥동 279-60)
굿아이컴퓨터학원(북구 용봉동 1425-2)
나라정보처리학원(남구 진월동 438-3 4층)
두암컴퓨터학원(북구 두암동 602-9)
디지털국제컴퓨터학원(동구 서석동 25-7)
매곡컴퓨터학원(북구 매곡동 190-4)
사이버컴퓨터학원(광산구 운남동 387-37)
상일컴퓨터학원(서구 상무1동 147번지 3층)
세종컴퓨터전산학원(남구 봉선동 155-6 5층)
송정중앙컴퓨터학원(광산구 송정2동 793-7 3층)
신한국컴퓨터학원(광산구 월계동 899-10번지)
에디슨컴퓨터학원(동구 계림동 85-169)
엔터컴퓨터학원(광산구 신가동1012번지 우미아파트상가 2층 201호)

염주컴퓨터학원(서구 화정동 1035 2층)
영진정보처리학원(서구 화정2동 신동아아파트 상가 3층 302호)
이지컴퓨터학원(서구 금호동 838번지)
일류정보처리학원(서구 금호동 741-1 시영1차아파트 상가 2층)
조이컴정보처리학원(서구 치평동 1184-2번지 골든타운 304호)
중앙컴퓨터학원(서구 화정2동 834-4번지 3층)
풍암넷피아정보처리학원(서구 풍암 1123 풍암빌딩 6층)
하나정보처리학원(북구 일곡동 830-6)
양산컴퓨터학원(북구 양산동 283-48)
한성컴퓨터학원(광산구 월곡1동 56-2)

[부산광역시]

신흥정보처리학원(사하구 당리동 131번지)
경원전산학원(동래구 사직동 45-37)
동명정보처리학원(남구 용호동 408-1)
메인컴퓨터학원(사하구 괴정4동 1119-3 희망빌딩 7층)
미래컴퓨터학원(사상구 삼락동 418-36)
미래컴퓨터학원(부산진구 가야3동 301-8)
보성정보처리학원(사하구 장림2동 1052번지 삼일빌딩 2층)
영남컴퓨터학원(기장군 기장읍 대라리 97-14)
우성컴퓨터학원(사하구 괴정동 496-5 대원스포츠 2층)
중앙IT컴퓨터학원(북구 만덕2동 282-5번지)
하남컴퓨터학원(사하구 신평동 590-4)
다인컴퓨터학원(사하구 다대1동 933-19)
자유컴퓨터학원(동래구 온천3동 1468-6)
영도컴퓨터전산회계학원(영도구 봉래동3가 24번지 3층)
동아컴퓨터학원(사하구 당리동 303-11 5층)
동원컴퓨터학원(해운대구 재송동)
문현컴퓨터학원(남구 문현동 253-11)
삼성컴퓨터학원(북구 화명동 2316-1)

[대구광역시]

네트CAD그래픽컴퓨터학원(달서구 상인동 725-3 10층)
해인컴퓨터학원(북구 동천동 878-3 2층)
셈틀컴퓨터학원(북구 동천동 896-3 3층)
대구컴퓨터캐드회계학원(북구 국우동 1099-1 5층)
동화컴퓨터학원(수성구 범물동 1275-1)
세방컴퓨터학원(수성구 범어1동 371번지 7동 301호)
네트컴퓨터학원(북구 태전동 409-21번지 3층)
배움컴퓨터학원(북구 복현2동 340-42번지 2층)
윤성컴퓨터학원(북구 복현2동 200-1번지)
명성탑컴퓨터학원(북구 침산2동 295-18번지)
911컴퓨터학원(달서구 성당동 705-18번지 3층)
메가컴퓨터학원(수성구 신매동 267-13 3층)
테라컴퓨터학원(수성구 달구벌대로 3090)

[울산광역시]

엘리트정보처리세무회계(중구 성남동 청송빌딩 2층~6층)

경남컴퓨터학원(남구 신정 2동 명성음악사3,4층)

다운컴퓨터학원(중구 다운동 776-4번지 2층)

대송컴퓨터학원(동구 대송동 174-11번지 방어진농협 대송지소 2층)

명정컴퓨터학원(중구 태화동 명정초등 BUS 정류장 옆)

크린컴퓨터학원(남구 울산병원근처-신정푸르지오 모델하우스 앞)

한국컴퓨터학원(남구 옥동 260-6번지)

한림컴퓨터학원(북구 연암동 375-1 3층)

현대문화컴퓨터학원(북구 양정동 523번지 현대자동차문화회관 3층)

인텔컴퓨터학원(울주군 범서면 굴화리 49-5 1층)

대림컴퓨터학원(남구 신정4동 949-28 2층)

미래정보컴퓨터학원(울산시 남구 울산대학교앞 바보사거리 GS25 5층)

서진컴퓨터학원(울산시 남구 달동 1331-13 2층)

송샘컴퓨터학원(동구 방어동 281-1 우성현대 아파트상가 2, 3층)

에셋컴퓨터학원(북구 천곡동 410-6 아진복합상가 310호)

연세컴퓨터학원(남구 무거동 1536-11번지 4층)

홍천컴퓨터학원(남구 무거동(삼호동)1203-3번지)

IT컴퓨터학원(동구 화정동 855-2번지)

THC정보처리컴퓨터(울산시 남구 무거동 아이컨셉안경원 3, 4층)

TOPCLASS컴퓨터학원(울산시 동구 전하1동 301-17번지 2층)

[경기도]

샘물컴퓨터학원(여주군 여주읍 상리 331-19)

인서울컴퓨터디자인학원(안양시 동안구 관양2동 1488-35 골드빌딩 1201호)

경인디지털컴퓨터학원(부천시 원미구 춘의동 116-8 광덕프라자 3층)

에이팩스컴퓨터학원(부천시 원미구 상동 533-11 부건프라자 602호)

서울컴퓨터학원(부천시 소사구 송내동 523-3)

천재컴퓨터학원(부천시 원미구 심곡동 344-12)

대신IT컴퓨터학원(부천시 소사구 송내2동 433-25)

상아컴퓨터학원(부천시 소사구 괴안동 125-5 인광빌딩 4층)

우리컴퓨터전산회계디자인학원(부천시 원미구 심곡동 87-11)

좋은컴퓨터학원(부천시 소사구 소사본3동 277-38)

대명컴퓨터학원(부천시 원미구 중1동 1170 포도마을 삼보상가 3층)

한국컴퓨터학원(용인시 기흥구 구갈동 383-3)

삼성컴퓨터학원(안양시 만안구 안양1동 674-249 삼양빌딩 4층)

나래컴퓨터학원(안양시 만안구 안양5동 627-35 5층)

고색정보컴퓨터학원(수원시 권선구 고색동 890-169)

셀파컴퓨터회계학원(성남시 중원구 금광2동 4359 3층)

탑에듀컴퓨터학원(수원시 팔달구 팔달로2가 130-3 2층)

새빛컴퓨터학원(부천시 오정구 삼정동 318-10 3층)

부천컴퓨터학원(부천시 원미구 중1동 1141-5 다운타운빌딩 403호)

경원컴퓨터학원(수원시 영통구 매탄4동 성일아파트상가 3층)

하나탑컴퓨터학원(광명시 광명6동 374-10)

정수천컴퓨터학원(가평군 석봉로 139-1)

평택비트컴퓨터학원(평택시 비전동 756-14 2층)

[전라북도]

전주컴퓨터학원(전주시 완산구 삼천동1가 666-6)

세라컴퓨터학원(전주시 덕진구 우아동)

비트컴퓨터학원(전북 남원시 왕정동 45-15)

문화컴퓨터학원(전주시 덕진구 송천동 1가 480번지 비사벌빌딩 6층)

등용문컴퓨터학원(전주시 완산구 풍남동1가 15-6번지)

미르컴퓨터학원(전주시 덕진구 인후동1가 857-1 새마을금고 3층)

거성컴퓨터학원(군산시 명산동 14-17 반석신협 3층)

동양컴퓨터학원(군산시 나운동 487-9 SK5층)

문화컴퓨터학원(군산시 문화동 917-9)

하나컴퓨터학원(전주시 완산구 효자동1가 518-59번지 3층)

동양인터넷컴퓨터학원(전주시 완산구 삼천동1가 288-9번지 203호)

골든벨컴퓨터학원(전주시 완산구 평화2동 893-1)

명성컴퓨터학원(군산시 나운1동792-4)

다울컴퓨터학원(군산시 나운동 667-7번지)

제일컴퓨터학원(남원시 도통동 583-4번지)

뉴월드컴퓨터학원(익산시 부송동 762-1 번지 1001안경원 3층)

젬컴퓨터학원(군산시 문화동 920-11)

문경컴퓨터학원(정읍시 연지동 32-11)

유일컴퓨터학원(전주시 덕진구 인후동 안골사거리 태평양약국 2층)

빌컴퓨터학원(군산시 나운동 809-1번지 라파빌딩 4층)

김상미컴퓨터학원(군산시 조촌동 903-1 시영아파트상가 2층)

아성컴퓨터학원(익산시 어양동 부영1차아파트 상가동 202호)

민컴퓨터학원(전주시 완산구 서신동 797-2번지 청담빌딩 5층)

제일컴퓨터학원(익산시 어양동 643-4번지 2층)

현대컴퓨터학원(익산시 동산동 1045-3번지 2층)

이지컴퓨터학원(군산시 동흥남동 404-8 1층)

비전컴퓨터학원(익산시 동산동 607-4)

청어람컴퓨터학원(전주시 완산구 평화동2가 890-5 5층)

정컴퓨터학원(전주시 완산구 삼천동1가 592-1)

영재컴퓨터학원(전라북도 완주군 삼례읍 삼례리 923-23)

탑스터디컴퓨터학원(군산시 수송동 827-10번지 강남빌딩 2층)

[전라남도]

한성컴퓨터학원(여수시 문수동 82-1번지 3층)

[경상북도]

현대컴퓨터학원(경북 칠곡군 북삼읍 인평리 1078-6번지)

조은컴퓨터학원(경북 구미시 형곡동 197-2번지)

옥동컴퓨터학원(경북 안동시 옥동 765-7)

청어람컴퓨터학원(경북 영주시 영주2동 528-1)

21세기정보처리학원(경북 영주시 휴천2동 463-4 2층)

이지컴퓨터학원(경북 경주시 황성동 472-44)

한국컴퓨터학원(경북 상주시 무양동 246-5)

예일컴퓨터학원(경북 의성군 의성읍 중리리 714-2)

김복남컴퓨터학원(경북 울진군 울진읍 읍내4리 520-4)

유성정보처리학원(경북 예천군 예천읍 노하리 72-6)

제일컴퓨터학원(경북 군위군 군위읍 서부리 32-19)

미림-엠아이티컴퓨터학원(경북 포항시 북구 장성동 1355-4)

가나컴퓨터학원(경북 구미시 옥계동 631-10)

엘리트컴퓨터외국어스쿨학원(경북 경주시 동천동 826-11번지)

송현컴퓨터학원(안동시 송현동 295-1)

[경상남도]

송기웅전산학원(창원시 진해구 석동 654-3번지 세븐코아 6층 602호)

빌게이츠컴퓨터학원(창원시 성산구 안민동 163-5번지 풍전상가 302호)

예일학원(창원시 의창구 봉곡동 144-1 401~2호)

정우컴퓨터전산회계학원(창원시 성산구 중앙동 89-3)

우리컴퓨터학원(창원시 의창구 도계동 353-13 3층)

웰컴퓨터학원(김해시 장유면 대청리 대청프라자 8동 412호)

이지컴스쿨학원(밀양시 내이동 북성로 71 3층)

비사벌컴퓨터학원(창녕군 창녕읍 말흘리 287-1 1층)

늘샘컴퓨터학원(함양군 함양읍 용평리 694-5 신협 3층)

도울컴퓨터학원(김해시 삼계동 1416-4 2층)

[제주도]

하나컴퓨터학원(제주시 이도동)

탐라컴퓨터학원(제주시 연동)

클릭컴퓨터학원(제주시 이도동)

[강원도]

엘리트컴퓨터학원(강릉시 교1동 927-15)

권정미컴퓨터학원(춘천시 후석로 246 4층)

형제컴퓨터학원(속초시 조양동 부영아파트 3동 주상가 305-2호)

강릉컴퓨터교육학원(강릉시 임명로 180 3층 301호)

Foreign Copyright:
Joonwon Lee
Address: 127, Yanghwa-ro, Mapo-gu, Chomdan Building 6th floor,
         Seoul, Korea
Telephone: 82-70-4345-9818
E-mail: jwlee@cyber.co.kr

Easy 시리즈 16 쉽게 배워 든든하게 활용하는

스마트폰 100% 활용 하기

2017. 4. 27. 1판 1쇄 발행
2018. 1. 5. 1판 2쇄 발행

지은이 | 한정수
펴낸이 | 이종춘
펴낸곳 | BM 주식회사 성안당
주소 | 04032 서울시 마포구 양화로 127 첨단빌딩 5층(출판기획 R&D 센터)
      | 10881 경기도 파주시 문발로 112 출판문화정보산업단지(제작 및 물류)
전화 | 02) 3142-0036
      | 031) 950-6300
팩스 | 031) 955-0510
등록 | 1973. 2. 1. 제406-2005-000046호
출판사 홈페이지 | www.cyber.co.kr
내용 문의 | thismore@naver.com
ISBN | 978-89-315-5509-7 (13000)
정가 | 13,000원

이 책을 만든 사람들
책임 | 최옥현
진행 | 최재석
본문 디자인 | 인투
표지 디자인 | 박원석
홍보 | 박연주
국제부 | 이선민, 조혜란, 김해영
마케팅 | 구본철, 차정욱, 나진호, 이동후, 강호묵
제작 | 김유석